MANUAL DE feng shui

MANUAL DE fengshuí

GUÍA PRÁCTICA DEL ANTIGUO
ARTE DE LA UBICACIÓN

GEORGE BIRDSALL

INNER TRADITIONS
Lasser Press
Mexicana, s.a. de c.v.
México, D.F.

Título original: *The Feng Shui Companion*
Traducción al español: Mercedes Córdoba y Magro
de la edición en inglés de Destiny Books, One Park Street, Rochester, Vermont 05767, USA.
www.gotoit.com

Destiny Books es una división de Inner Traditions International, Ltd.

Ilustración de portada: "The Emperor Gwang Wu Fording a River", de Qui Ying. Cortesía de National Gallery of Canadá, Ottawa, Ontario.
Diseño de portada: Tim Jones

ISBN: 968-458-512-8 (Lasser Press Mexicana, S.A. de C.V.)
ISBN: 0-89281-595-7 (Destiny Books)

IMPRESO EN MÉXICO
PRINTED IN MEXICO

Esta obra fue producida por Ediciones Étoile, S.A. de C.V.
Recreo 30-3, Col. Del Valle, México, D.F.
en el mes de agosto de 2000

DEDICATORIA

Dedico este libro a todas las personas que me inspiraron a que lo hiciera.

RECONOCIMIENTOS

Muchas personas participaron en la producción de este libro. Sin embargo, me gustaría mencionar especialmente a Shelley Neller, por sus consejos y su capacidad como editora del manuscrito original, y a Geoff Piper por realizar la revisión definitiva durante los ajetreados días previos a su entrada en imprenta.

Contenido

Prólogo

Supe del feng shui por primera vez hace unos diez años, cuando un chino geomántico, practicante del feng shui, evaluó un proyecto de 20 millones de dólares australianos que yo estaba construyendo en el barrio chino de Sydney. El geomántico me hizo varias recomendaciones; dos de las más importantes fueron que se modificara la ubicación de las escaleras eléctricas para que "no se escapara el dinero" y que esperáramos una semana antes de empezar la demolición y la construcción. Nos permitió empezar determinado día, a determinada hora, y demoler sólo tres ladrillos antes de festejar con un almuerzo, junto con los funcionarios chinos. Empezamos la demolición en serio al día siguiente.

Como a la mayoría de los occidentales, esto me pareció raro en aquel tiempo, ya que a mi me interesaban más las cuestiones prácticas, pero contemporizamos, dado que nos advirtieron que la comunidad china no arrendaría un edificio con mal *feng shui*.

Mis posteriores experiencias me han demostrado que el feng shui puede tener una aplicación clara y definida en la cultura occidental moderna: en el desarrollo de los negocios, en la construcción comercial, y en el diseño de casas e interiores. El feng shui puede aplicarse tanto a edificios nuevos como a los ya existentes, y muchas veces sin grandes gastos. En las construcciones donde se aplican los principios del feng shui, la gente informa que "por coincidencia" experimentan una serie de cambios de fortuna y de salud.

El propósito de este libro es ser el punto de partida para cualquier persona que esté interesada en el feng shui o en la geomancia china. Lo escribí para que la gente común y corriente comprenda el feng shui y después pueda leer libros más avanzados de otros autores, ya que durante mis seminarios y consultas constantemente me piden que recomiende un libro en el que se expliquen los principales conceptos de esta técnica de una manera clara para cualquier persona interesada en ella.

Espero que esta obra anime al lector a aplicar los principales conceptos del feng shui con el fin de que su vida fluya más fácilmente. Lo que el feng shui y la geomancia proporcionan es un método para mejorar la vida. No hay que esperar que nos den la respuesta a todos nuestros problemas. Si se aplican con humor, sensatez y buen juicio, pueden lograrse mejores resultados que si se aplican de manera demasiado estricta o con avaricia. Añadiré que las personas que desarrollan simultáneamente el aspecto físico, el mental y el espiritual en su vida, reciben beneficios aún mayores.

La clave está en confiar en la intuición, gozar al aplicar el feng shui y la geomancia, y aplicar con prudencia este antiguo conocimiento en las situaciones actuales. Recordemos que "hay que poner el feng shui y la geomancia al servicio de la vida, y no la vida al servicio del feng shui y la geomancia".

George Birdsall

Introducción

El feng shui es un antiguo sistema chino de reglas, conceptos y principios cuyo propósito es explicar el impacto que tienen en la vida la disposición y la decoración de las casas o los negocios, así como su entorno, y cómo hacer que el ambiente donde se vive o se trabaja sea equilibrado y armonioso. En chino, feng shui significa literalmente "viento" y "agua". El "viento" proporciona el movimiento o flujo de la energía universal o *chi* que lo afecta todo. El "agua" proporciona el recipiente o receptor del *chi.* El propósito de los principios del feng shui es armonizar las influencias del viento y del agua.

El feng shui, que también se conoce como geomancia china, se refiere a lo que la filosofía oriental llama flujo del chi o de energía en un edificio. Este concepto es parecido al concepto de la acupuntura sobre el flujo del chi en el cuerpo humano. Según la acupuntura, cuando el chi fluye suavemente por nuestro cuerpo, estamos sanos. De la misma manera, cuando el chi fluye dulcemente por nuestra casa o negocio, nuestra vida fluye con más facilidad y "la suerte, la fortuna y las buenas coincidencias" nos salen al paso.

Uno de los propósitos de aplicar los conceptos del feng shui es crear un lugar en el que uno se sienta cómodo y del que no esté tratando de escapar constantemente porque hay algo que no está bien. Cuando los lugares donde uno pasa mucho tiempo son agradables, influyen en nuestra actitud general hacia la vida y en la de todos los que visitan ese hogar, negocio u oficina.

Uno puede saber intuitivamente que en determinado lugar hay algo que está mal, sin saber cómo explicar esos sentimientos. También puede que uno haya observado situaciones en las cuales la suerte o la salud de las personas se modifican después de que cambian de casa o mudan su negocio a otro lugar. El feng shui explica por qué ocurre esto y además da soluciones sencillas para mejorar el fluir de nuestra vida, nuestro equilibrio, nuestra armonía, riqueza, salud, profesión o carrera, nuestra fama, nuestro matrimonio y nuestras relaciones, así como todos los aspectos creativos de nuestra vida. A veces estos ajustes del feng shui, aparentemente intrascendentes, cambian radicalmente la manera en que uno se siente en determinado lugar.

Para las mentalidades del siglo XX sigue siendo un misterio por qué funciona el feng shui, y quien considere el empleo de estos conocimientos desde un punto de vista lógico y a través del "hemisferio cerebral izquierdo", quedará desilusionado. Hay que aproximarse al feng shui con el "hemisferio derecho", empleando la intuición y los sentimientos. Recordemos que la aplicación de los principios del feng shui se basa más que nada en la observación, la reflexión y el sentido común. El feng shui nos ofrece técnicas para expresar lo que sentimos intuitivamente sobre un lugar, de manera que cuando lleguemos adonde "no nos sintamos bien", en vez de desechar ese sentimiento intuitivo, miremos alrededor y descubramos lo que pueda provocar esos sentimientos de incomodidad. Si es un lugar que podemos cambiar, entonces hay que hacer los ajustes de feng shui que vengan al caso; luego, con el paso del tiempo, hay que observar el impacto de estos cambios, ya sean profundos o sutiles. También hay que observar cómo reaccionan nuestras amistades y nuestros clientes. Muchas personas comentan que después de hacer los ajustes de feng shui, sus amigos y clientes insisten, al entrar a sus casas y negocios, en que se ha remozado el lugar, o se ha pintado, o se le ha hecho alguna modificación importante. Los visitantes sienten el cambio pero se sienten condicionados a identificar las señales físicas de ese cambio, en lugar de comprender que también los cambios sutiles y baratos pueden causar un impacto. En el capítulo 3 analizaremos esta idea del impacto que pueden tener en nuestra vida tanto el ambiente visible como el invisible.

En los capítulos siguientes se relatan historias sobre los cambios importantes que han experimentado mis clientes después de una consulta de feng shui. Sin embargo, no todos han experimentado importantes cambios; algunos fueron tan sutiles que, de no ser porque alguna otra persona los comentó por su cuenta, no se notaron. A veces lo único que se logró con la aplicación del feng shui fue que las personas se sintieran a gusto en su casa, o que durmieran bien.

Este libro no profundiza en cada una de las situaciones que pueden llegar a presentarse, cosa que es imposible; más bien su propósito es exponer los conceptos esenciales para que el lector pueda empezar a aplicarlos de manera intuitiva y personal en donde se encuentre. El lector, en vez de adoptar las reglas de este libro para dar soluciones específicas a cada problema de feng shui que encuentre, debe verlo como una base y una guía para aplicar estos conocimientos.

Este libro empieza con una reseña de la historia del feng shui y de la geomancia, y de la filosofía en que se basan. En el resto del libro se señalan los conceptos básicos del feng shui. En los apéndices B y C resumo información sobre la manera en que los campos electromagnéticos y las energías telúricas naturales también influyen en el "ambiente" de la casa y la oficina, y en la salud de sus ocupantes. En el Apéndice D incluyo información sobre las técnicas que permiten que, mediante un péndulo o una vara, se encuentre y ajuste con más facilidad la energía o chi de un lugar.

1

Historia del feng shui y la geomancia

El estudio del feng shui trata de explicar cómo cualquier lugar, y en especial nuestra casa y nuestro negocio, pueden influir en nuestra vida. Muchas veces la gente comenta: "desde que nos mudamos a esta casa, toda nuestra vida ha mejorado" o "todo nos ha salido mal". Es como si la elección de una casa tuviera una marcada influencia en el destino.

Nuestra casa, y el terreno en que se ubica, pueden ser fuente de tensiones no aparentes, y que pueden tener una gran influencia en nuestra vida. Con el tiempo, estas tensiones pueden causar a la gente que vive en dicho lugar problemas de salud, económicos o de creatividad, y afectar su matrimonio o sus relaciones.

Hace poco, después de una charla introductoria sobre feng shui y geomancia, un caballero comentó: "Ahora comprendo por qué lo he ido perdiendo todo desde que me mudé a la casa en que vivo ahora, hace cuatro años". Este señor siempre había tenido mucho dinero, pero durante los años que vivió en esa casa todo le había salido mal y casi estaba en la bancarrota. ¿Qué tenía de malo la casa? Desde el punto de vista del feng shui, tenía un excusado en el rincón de la "riqueza". (Este concepto y sus soluciones se explican más adelante.) Seis meses después, luego de hacer las correcciones de feng shui sugeridas para equilibrar la energía de su casa, las finanzas de este señor se habían estabilizado y empezaban a mejorar. El señor se había dado cuenta intuitivamente de que algo andaba mal, pero no supo qué hacer hasta que se enteró del feng shui.

La historia de este caballero ilustra el tipo de experiencias que la gente de todos los orígenes y ocupaciones ha relatado durante mis consultas y seminarios en los últimos años. Parece como si la intuición nos dijera que algo no está bien, mientras que nuestra educación lógica y racional nos ha enseñado hacer caso omiso de estos sentimientos intuitivos.

LA INTUICIÓN Y NUESTROS ANTEPASADOS

Una manera de explicar los sentimientos intuitivos sobre un lugar consiste en analizar cómo vivimos ahora y cómo vivían nuestros antepasados, y después analizar las energías de un lugar según las teorías del feng shui.

En las sociedades industrializadas de Occidente se ha ido haciendo más fácil cargar a otros con la responsabilidad de muchos aspectos de nuestra vida. Vamos al supermercado por comida o visitamos al médico para que nos aconseje sobre nuestra salud. En general, nuestra vida es cómoda; vivimos en un mundo lleno de máquinas y aparatos, de electricidad y telecomunicaciones. El enfoque que nuestros antepasados daban a la supervivencia ha sido reemplazado por una existencia llena de tecnología. Sin embargo, se ha hecho evidente de diferentes maneras que el progreso tiene un precio.

Parece que hemos perdido muchas de las habilidades que empleaban nuestros antepasados para la supervivencia diaria. En especial, muchas personas de este mundo moderno han perdido la capacidad de confiar en su intuición y sus sentimientos espontáneos, y de sacarles provecho. Con frecuencia tenemos estos sentimientos intuitivos en nuestras casas, oficinas o tiendas, pero si el lugar nos inspira un sentimiento ligeramente incómodo, nos decimos que no es nada, porque no hay nada visible que justifique este sentimiento.

Sólo emprendemos alguna acción cuando vamos a un lugar y nos sentimos físicamente mal o nos asustamos. De manera que hemos perdido totalmente la intuición, y con frecuencia nuestra capacidad para confiar e interpretar estos sentimientos sutiles está minada por nuestra dependencia del mundo físico y material moderno.

A veces el más sutil sentimiento de malestar puede indicar que en el lugar en donde nos encontramos hay un desequilibrio energético, y si pasamos mucho tiempo en él, puede afectar nuestra vida.

Nuestros antepasados explicaban estos sentimientos intuitivos sobre los lugares mediante la geomancia, a la que han recurrido muchas culturas dándole diferentes nombres. Los kahunas de Hawai, los indios de Estados Unidos y los aborígenes australianos han empleado sus conocimientos de geomancia para facilitar su supervivencia.

"Geo" significa tierra y "mancia" significa adivinación, o sea que geomancia es adivinar los mensajes de la tierra. Originalmente, esta adivinación se efectuaba interpretando el dibujo creado cuando se arrojaba sobre el suelo un puñado de tierra, a fin de tomar determinadas decisiones personales.

Para los primeros pueblos nómadas, leer los mensajes de la tierra era importante, ya que tenían que buscar señales sobre las condiciones climáticas, el traslado de los animales y dónde encontrar alimento y agua.

Estas habilidades siguieron siendo vitales al desarrollarse la agricultura, pues había que saber cuál era el mejor momento y lugar para la siembra, y cuál el lugar más seguro para dormir. En las decisiones de nuestros antepasados para encontrar el lugar más propicio donde llevar a cabo estas tareas intervinieron su experiencia, su intuición y su capacidad de interpretar los mensajes de la tierra.

En la definición que acabo de hacer, nuestra interpretación

Figura I.1 Antiguos geománticos chinos

moderna de la palabra "tierra" se extiende, desde la idea original de la tierra que se encuentra debajo de nuestros pies, hasta todo aquello que forma parte del ambiente construido o natural, y que puede influir en nosotros.

Los primeros conocimientos geománticos eran parte de una tradición oral que en muchos casos se ha perdido debido a la modernización y la industrialización. Sin embargo, nuestro mundo moderno puede recuperar este antiguo sentimiento por la tierra redescubriendo los conceptos del feng shui que datan de hace 2 000 años.

HISTORIA DEL FENG SHUI O GEOMANCIA CHINA

La geomancia china tradicional se enseñó oralmente, de diferentes maneras, y de generación en generación, durante miles de años, hasta que se mencionó el feng shui en el libro de Goy-Pu, *Zhang Shu o El libro de los entierros,* durante la dinastía Jin (276-420 d.C.).

Los primeros conceptos de feng shui surgieron de la creencia de que la vida "después de la vida" de los antepasados tenía un papel en la existencia física de sus descendientes sobre la tierra. Los principios del feng shui se aplicaban para encontrar en el jardín el lugar más propicio para enterrar a los antepasados. Los chinos creían que sus vidas serían protegidas por sus antepasados si los enterraban en el mejor lugar. De esta manera se asegurarían de que también sus vidas fueran pro-

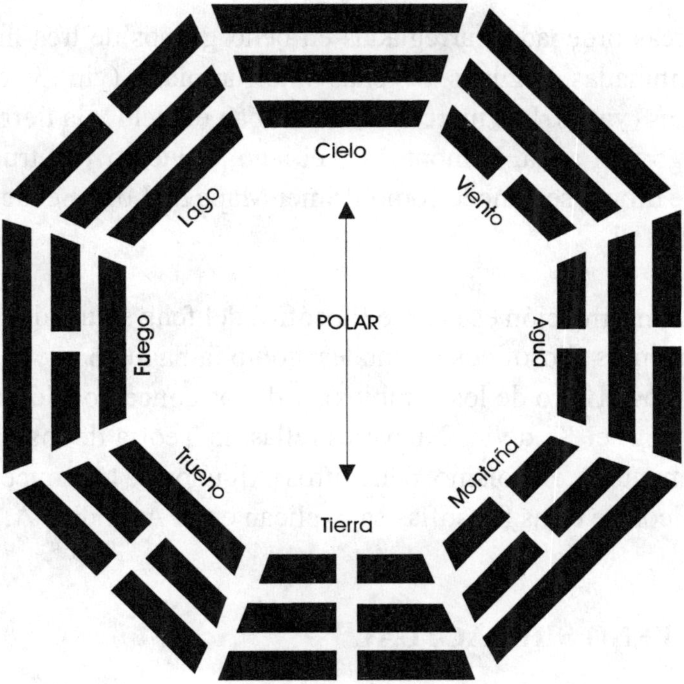

Figura 1.2 Primer Mapa de Lo

picias. Respetaban tanto el mundo invisible como el mundo físico. Esta actitud no era independiente de otras costumbres de la época, sino que estaba integrada en la vida diaria.

Las leyendas explican otra parte de la historia del feng shui. Cuentan que cuando el filósofo Fu Hsi se encontraba meditando en las orillas del río Lo, en el norte de China, observó que del río surgía una tortuga que tenía en el caparazón una serie de líneas rectas continuas y otras interrumpidas. De pronto se percató de que todo el universo se reflejaba en estas marcas ordenadas, arregladas en ocho grupos de tres líneas combinadas, algunas de ellas interrumpidas (yin) y otras largas (yang). Las marcas simbolizaban el cielo y la tierra, el fuego y el agua, la montaña y el lago, el viento y el trueno. Este dibujo se conoce como Primer Mapa de Lo, o Secuencia Celestial.

Esta información es la base filosófica del feng shui y de otros conceptos filosóficos orientales, como la bagua o pacua y el I Ching (Libro de los cambios), y de los conceptos del yin y el yang, el Ki de las Nueve estrellas, la Teoría de los cinco elementos y el taoísmo, entre otros. Algunos de los conceptos básicos de estas filosofías se explican en el Apéndice A.

EL FENG SHUI ACTUAL

La combinación de los principios para encontrar el lugar más propicio donde enterrar a los antepasados, y las modificaciones que se hicieron posteriormente al mapa para formar la bagua (que se explicará en el capítulo 5), son la base del feng shui que se aplica hoy, especialmente en los lugares donde la gente vive y trabaja.

El feng shui también se basa en el reconocimiento de la "energía universal" o flujo del chi(tambien llamado qi o ki) en cualquier lugar, y en "las venas o líneas del dragón" del paisaje. En aras de la sencillez, en este libro emplearemos los términos "chi" o "energía". Como ya dije, aunque no podemos ver este chi, si aplicamos los principios del feng shui podemos mejorar su manera de fluir para crear un lugar más armonioso. A lo largo de este libro explicaré los conceptos de energía y flujo de la energía. Al principio puede ser difícil aceptarlos, pero cuando uno experimenta con algunos de los ajustes y correcciones en su casa u oficina, observa cambios en el ambiente del lugar o en algún aspecto de su vida. Con frecuencia, nuestros cerebros lógicos tachan a estos cambios de meras coincidencias, pero ¿cuántas coincidencias se necesitan para convencernos de que el mundo invisible, sobre el cual se basan muchas filosofías orientales, puede tener sobre nosotros una influencia tan grande como el mundo físico?

Es interesante observar que en Hong Kong suele atribuirse el buen resultado de los negocios a que su ubicación respete "las venas del dragón del chi en el paisaje". Hay edificios, como el hotel Regent de Hong Kong, que se han proyectado cuidando que no interrumpan el flujo del chi del lugar, y funcionan exitosamente desde que se inauguraron. En cambio, los dueños de algunos edificios que no tomaron en cuenta este aspecto del ambiente natural, han tenido que volver a invertir considerables cantidades en estas construcciones, que no funcionaron.

LOS LUGARES DE FUERZA

Los cultura china no fue la única en reconocer la energía de los lugares y sus líneas de energía del dragón. Muchos pueblos antiguos aceptaron que en la tierra había energías que podían aprovecharse de varias formas para dar sentido a la vida.

En las islas británicas, este aspecto de la fuerza energética de la tierra o del terreno es evidente en lugares sagrados como Stonehenge, Averbury y otros.

Muchos de estos lugares se relacionaban de diferentes maneras con curaciones, con la fertilidad, los festivales de las estaciones y otras ceremonias, como si fueran un centro de las energías celestiales y telúricas para el hombre, como una fusión de la llamada energía universal o chi.

Este vínculo entre el hombre, la tierra y el cielo es evidente en los libros sobre los misterios de la geomancia y la tierra de John Mitchell, Paul Devereux y otros escritores. Aunque los detalles pueden variar de un escritor a otro, los conceptos son los mismos.

Es interesante que muchas iglesias cristianas se sitúan y construyen con base en los buenos principios geománticos. Muchas se localizan en lugares donde nuestros antepasados precristianos adoraban a sus dioses, reconociendo que en estos lugares la energía de la tierra constituye lugares ideales para seguir venerando a los dioses, independientemente de las creencias y doctrinas.
En las pirámides de Egipto, en Delfi y en diferentes estructuras y montículos de Norte y Sudamérica, se exhibe el mismo respeto por las energías universales y las edificaciones del hombre.

RESUMEN

Muchos pueblos instruidos de Occidente han perdido el sentimiento intuitivo de la tierra y de sus energías, que para nuestros antepasados era algo natural. Nuestra manera moderna de vivir nos ha alejado de estos sentimientos intuitivos, haciendo hincapié en el mundo material y tangible. Sin embargo, hay un cambio consciente para redescubrir estos métodos antiguos y tradicionales y adaptarlos a nuestras costumbres modernas. Estos sentimientos intuitivos sobre los lugares pueden interpretarse mediante el conocimiento del feng shui y la geomancia.

Asimismo, poco a poco empezamos a aceptar que estructuras antiguas como Stonehenge no son meros montones de piedras, sino que se construyeron con increíble exactitud. Lo que estas edificaciones tienen en común es que representan alguna forma de las "estrellas" o del cielo en la tierra, que son lugares con mucha energía telúrica, y que constituían una forma de veneración antiquísima relacionada con los cambios cíclicos de las estaciones.

Los principales conceptos del feng shui y la geomancia pueden ayudarnos a comprender el mundo que nos rodea, y a mejorar la casa en que vivimos y nuestro ambiente de trabajo.

2

Los elementos de la geomancia

En nuestra relación tanto con el ambiente natural como con el ambiente construido por el hombre intervienen elementos que pueden agruparse grosso modo con el término de geomancia. Entre los elementos de la geomancia están el feng shui, las energías electromagnéticas, las energías telúricas naturales, los materiales y sistemas de construcción, el diseño de las construcciones, y la historia. Ninguno de estos elementos es completamente independiente de los demás; sin embargo, aunque los conceptos del feng shui son el tema de este libro, también hay que reconocer la influencia de los demás elementos. En los siguientes párrafos se resumen los elementos de la geomancia que hay que tomar en cuenta en nuestro mundo moderno, para dar un panorama del asunto que tratamos.

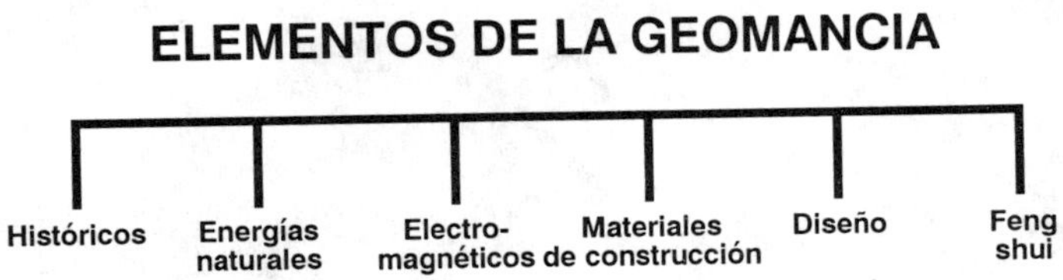

Figura 2.1 Elementos de la geomancia

EL FENG SHUI

El feng shui constituye una de las formas más complejas y refinadas de la geomancia. Su premisa fundamental es que el diseño, arreglo y ubicación de los lugares donde uno vive o trabaja influyen en nuestra salud, fortuna, profesión, carrera y fama, así como en nuestro matrimonio y nuestras relaciones. Cuando uno hace algunos cambios, aunque sea elementales, con base en los conceptos del feng shui, se dan "coincidencias" positivas. El feng shui se basa en el flujo del chi o energía del ambiente externo y del lugar.

LAS ENERGÍAS NATURALES DE LA TIERRA

Los últimos estudios han confirmado que el respeto que los antiguos sentían por la tierra, en cualquiera de sus formas, tenía buenos fundamentos. Muchos médicos europeos han observado una relación entre las enfermedades que padecemos y los lugares en los cuales están desequilibradas las energías naturales de la Tierra (véase el Apéndice C). Estas energías reciben diferentes nombres, desde "rayos nocivos de la tierra" hasta "tensión geopática" y "energías telúricas negativas"; los zahoríes las detectan mediante técnicas de búsqueda con péndulos y varas, y se cree que desatan muchas enfermedades, ya que alteran nuestro cuerpo físico y energético, reduciendo la capacidad del sistema de defensas.

Generalmente se considera que estas energías llegan a la superficie de la tierra desde las fallas geológicas, las corrientes de agua subterráneas y las energías geománticas. Se ha observado que cuando la gente pasa mucho tiempo en estos lugares, esto es, cuando su cama o su escritorio se encuentra sobre estas energías telúricas desequilibradas, suele sentirse cansada, desorientada e incómoda, a pesar de que reciba los mejores cuidados de la medicina moderna. Con frecuencia, una vez que se hacen algunas rectificaciones a las energías telúricas, se empieza a recuperar la salud.

No hay que pensar que el ajuste de estas energías pueda curar cualquier enfermedad. Sin embargo, desde luego vale la pena investigar este asunto, junto con las prácticas médicas tradicionales y modernas, para resolver los problemas de salud más intrigantes de algunas personas. Con frecuencia, la ubicación de la casa tiene que ver con que las personas estén enfermas constantemente.

LAS ENERGÍAS ELECTROMAGNÉTICAS

Los últimos estudios han mostrado un vínculo entre la presencia de los campos electromagnéticos de las casas u oficinas y la aparición de enfermedades (véase el Apéndice B). Esta energía invisible del siglo XX afecta a la gente de manera muy parecida a como la afectan las energías telúricas naturales. La comunidad científica sigue discutiendo sobre las técnicas empleadas en algunos estudios; sin embargo, aumentan los testimonios de que la energía electromagnética puede llegar a ser algo parecido al "asbesto" en lugares de residencia o negocios.

En cualquier caso, la experiencia de mis consultas me indica que existe un vínculo entre los campos electromagnéticos y el insomnio. Otros estudios han demostrado posibles vínculos con una mayor incidencia de leucemia, cáncer, suicidios y otras enfermedades.

MATERIALES, SISTEMAS DE CONSTRUCCIÓN, Y DISEÑO

A partir de la Revolución Industrial se han empleado en la construcción materiales cada vez más artificiales, que a veces han tenido un impacto negativo en nuestra salud. Nuestros sentidos son bombardeados sin parar por las emisiones de los modernos materiales de construcción que hay en nuestro ambiente. No tenemos más que pensar en el empleo del asbesto, de las pinturas de aceite y del reciente uso de diferentes pegamentos y plásticos, que 18 meses después de aplicarse siguen emitiendo gases dañinos.

Los sistemas de calefacción y aire acondicionado de los edificios también afectan la vida de muchas personas. En cualquier estudio geomántico conviene tener en cuenta el concepto del síndrome del edificio enfermo.

Debemos elegir y utilizar con cuidado los materiales y sistemas de construcción, y sus aplicaciones en la decoración y el diseño.

LA HISTORIA

En cualquier estudio de feng shui y de geomancia debe analizarse el empleo histórico del ambiente, tanto del construido como del natural. La manera tradicional de nuestros antepasados para adaptarse a su ambiente, y en especial su respeto por las energías telúricas y el chi del ambiente, nos da la clave de cuál es la mejor forma de mezclar las prácticas modernas con las antiguas en nuestro provecho.

RESUMEN

Muchos estudios de geomancia incluyen un estudio del feng shui. Es importante analizar todos estos aspectos de la geomancia en el diseño y arreglo de nuestro ambiente interno y externo.

3

Definición del feng shui

Tradicionalmente se considera que el feng shui es la ciencia de la observación.

Nuestra moderna comprensión de la observación científica proviene de reglas basadas en la observación de los fenómenos naturales, como la astronomía, o de las reacciones de los experimentos químicos. La ciencia moderna se ha propuesto estructurar el conocimiento adquirido mediante la observación y ha estandarizado sus métodos. Con todo, en los últimos años hemos visto crecer el interés por la comprensión tradicional y no europea del conocimiento, que se basa en la experimentación, la observación y el refinamiento a lo largo de varios milenios.

La idea de que el feng shui es una ciencia se debe a que la experimentación es precisamente lo que la gente hace con el ambiente de su casa o lugar de trabajo: con frecuencia hace ajustes y modificaciones en su casa y su oficina; les cambia el mobiliario, las pinta de otros colores, las remoza, o se muda a otra casa u oficina. Es decir, experimenta con nuevos ambientes para ver si se siente más cómoda que antes, como experimentan los científicos con sus elementos químicos.

La gente espera que el cambio hará que se sienta mejor, pero a veces no sucede así. Cuando las cosas de un lugar se cambian constantemente, la gente se siente incómoda e inquieta. Al comprender el feng shui se tiene una manera más sistemática y científica de poner en práctica el deseo de cambio.

DEFINICIÓN DE LA GEOMANCIA

En el capítulo 1 se dijo que el feng shui es la geomancia china, y se definió la geomancia como "adivinación, o lectura de los mensajes de la tierra". Esta definición se tomó de un diccionario. Sin embargo, tanto la geomancia como el feng shui son algo más.

La anterior definición del diccionario puede ampliarse para describir la geomancia como una ciencia o sistema para ajustar las energías universales o chi, a fin de equilibrar los hábitats del hombre y ponerlos en armonía con los mundos visible e invisible. Esta definición más amplia permite comprender mejor dónde y por qué puede aplicarse la geomancia en nuestro mundo moderno.

LA ENERGÍA UNIVERSAL O CHI

Muchas culturas antiguas creían que había una energía universal o fuerza vital (conocida como Chi, Qi, Prana, Mana, o Ki) que lo impregna todo. La base de su sistema de creencias era que esta energía universal o fuerza vital es imprescindible para la existencia humana, además de las energías del sol, el aire y el agua.

En su libro *Feng Shui*, Sarah Rossbach define el concepto de chi, que a veces es difícil de comprender:

El chi es la fuerza vital que inspira vida a los animales y la vegetación, pliega la tierra para formar montañas, y transporta el agua por los ductos de la tierra... Sin chi, los árboles no florecerían, los ríos no fluirían y el hombre no existiría.

Ahora, más que nunca, los conocimientos de la cultura de Oriente y la de Occidente se fusionan , por lo que resulta más fácil para la mentalidad occidental moderna aceptar este concepto de la energía universal o fuerza vital. Vemos cómo se aplica este concepto en el trabajo de los acupunturistas, kinesiólogos, canales de reiki y curanderos vibradores; también lo emplean algunos médicos y los practicantes de feng shui.

Cuanto más se aplica el feng shui en determinado lugar, más se siente que el chi fluye por él. En nuestro mundo moderno, el concepto de chi puede compararse con la electricidad, las ondas de radio y las energías móviles del teléfono. No podemos ver estas energías invisibles, pero están a nuestro alrededor y mediante la conexión con un enchufe crean sonido o reacciones en los aparatos. Todas estas reacciones están relacionadas con el concepto de energía en nuestro ambiente.

La ciencia ya no puede seguir descartando el concepto de que tenemos un cuerpo energético que existe alrededor de nuestro cuerpo físico, ya que ahora este cuerpo energético puede ser fotografiado con una cámara kirlian, y analizado. Muchas veces, puede observarse una enfermedad en el cuerpo áurico antes de que se manifieste en el cuerpo físico.

Básicamente todo en este mundo es energía o chi, y la percepción de esta energía (es decir, si algo es sólido, líquido o gaseoso) o chi depende del sistema de creencias de cada persona.

Nuestros docentes occidentales han hecho una buena labor al enseñarnos a apreciar científicamente el mundo, pero, de acuerdo con la propia experiencia acerca de la existencia de otras formas de energía(lo que cada vez es más frecuente), no es difícil tener una comprensión mucho más amplia de la energía basada en las filosofías antiguas y orientales.

En la siguiente figura se indican algunas de las energías o chi que influyen en nosotros, y se enumeran las numerosas fuer-

---

La Figura 3.1 está inspirada en un concepto presentado por Howard Choy en un seminario celebrado en el Instituto de Arquitectos de Sydney, en mayo de 1994.

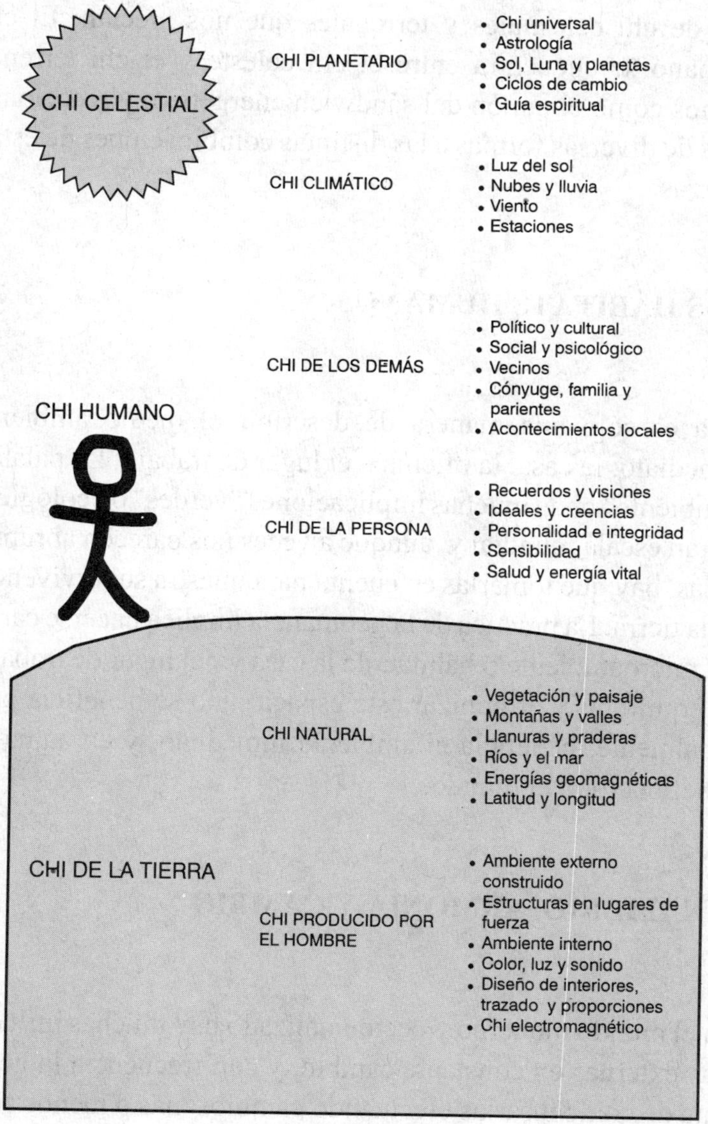

Figura 3.1 Elementos del chi

zas de chi celestiales y terrenales que nos afectan. El chi humano se encuentra entre el chi celeste y el chi terreno: somos como el jamón del sándwich energético, y reaccionamos de diversas formas a las distintas combinaciones de estas fuerzas.

LOS HÁBITATS HUMANOS

Ésta es sólo una manera de describir el medio ambiente inmediato: la casa, la oficina o el lugar de trabajo. La palabra "ambiente" tiene muchas implicaciones "verdes" o ecológicas a gran escala mundial y, aunque a veces nos parecen abrumadoras, hay que tomarlas en cuenta para nuestra supervivencia en la tierra. La práctica de la geomancia implica hacerse cargo del microambiente o hábitat, de la casa y del lugar de trabajo. Al equilibrar y armonizar este espacio uno se beneficia personalmente, beneficia el ambiente inmediato, y en suma se beneficia todo el mundo.

EQUILIBRIO, ARMONÍA Y CAMBIO

En el mundo moderno y occidentalizado hay muchas influencias externas en constante cambio, y con frecuencia la gente trata de compensarlas efectuando cambios más o menos sutiles en su casa o su negocio.

Esta inclinación al cambio es normal cuando reflexionamos en que el mundo natural cambia constantemente con la sucesión de las estaciones. Este cambio universal y perpetuo afecta el equilibrio y la armonía tanto de nuestro cuerpo como de nuestro ambiente. Aceptar estos cambios como sucesos normales, adaptarse a ellos y luego "seguir la corriente", es más productivo y causa menos tensión que tratar de quedarse fijo o rígido y resistirse a estos cambios y ciclos. Quienes se resisten al cambio suelen hacerlo por miedo a lo desconocido; este temor frecuentemente repercute en su salud y su "fortuna". Toda nuestra existencia se basa en los ciclos que la Teoría de los Cinco Elementos (véase el Apéndice A) llama crecimiento y destrucción, o expansión y contracción.

Las filosofías orientales definen la extensión de estos cambios según el yin (relativamente más pasivo) y el yang (relativamente más activo). El taoísmo aplica esta filosofía para lograr el equilibrio de las energías del yin y el yang independientemente de los cambios.

Es importante analizar la palabra "relativo", ya que el yin y el yang son complementarios; no son puntos extremos, ni chocan como en el sentido occidental de positivo y negativo, bueno y malo. Por ejemplo, un día caluroso de 20ºC en Londres (yang) se relaciona con las condiciones climáticas promedio de esa ciudad, de digamos 12ºC (yin). Sin embargo, 20ºC en Londres son más yin si se comparan con un día de verano en Singapur, donde la temperatura es muy yang, de 30ºC.

El concepto de que el yin y el yang son relativos es importante cuando se analiza el equilibrio de feng shui de una casa o un negocio. Por ejemplo, si una casa y un negocio están llenos de actividad (más yang) y necesitan más tranquilidad, las correcciones necesarias para estos lugares serán diferentes de las que se apliquen en otro lugar más tranquilo y sereno (más yin), pero que carezca de la actividad necesaria para que el chi fluya suavemente por él. El feng shui puede ayudar a crear un ambiente más equilibrado para lograr más armonía en cualquiera de estos casos.

LO VISIBLE Y LO INVISIBLE

Muchas energías invisibles influyen en el equilibrio y la armonía de nuestro ambiente, y por ende en nuestra vida. Sentimos los cambios del clima causados por el cambio de las estaciones, aunque no podemos ver la energía que lo causa. Algunos cambios visibles son causados por fuerzas invisibles. El movimiento de las mareas provocado por la Luna es otro caso del impacto de lo invisible en lo visible.

El mundo visible es muy real para nosotros. Nos damos cuenta del impacto que el color, el tamaño y la forma de una habitación o de un edificio pueden tener en nosotros. Si entramos en una habitación pintada de rojo, nuestra reacción es totalmente diferente a la ocasionada por una habitación blanca. Lo visible y lo invisible pueden explicarse de diferentes maneras; por ejemplo, mediante la idea de un iceberg, en el cual la parte

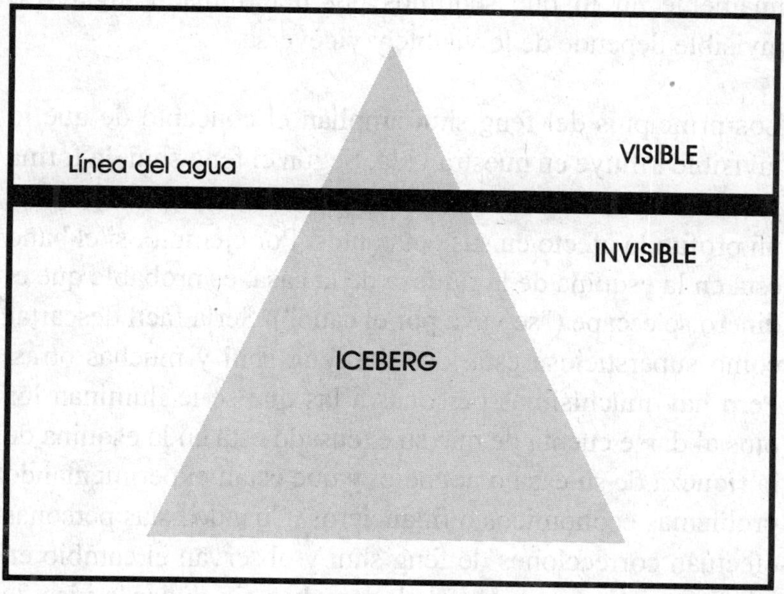

Figura 3.2 Lo visible y lo invisible

visible, la que sale del agua, sólo es una parte de la masa total. La parte visible no puede existir sin la enorme sección invisible que se encuentra debajo del agua.

Nuestro mundo es muy parecido, ya que lo invisible a veces tiene un mayor impacto en nosotros. No podemos ver el sonido, la frecuencia, las vibraciones, la electricidad, los campos electromagnéticos, el viento, la energía ni los átomos, aunque indudablemente son parte de nuestra vida diaria. En el mundo visible, el ambiente construido y la topografía natural (como los ríos, las montañas y el mar) influyen continuamente en lo que sentimos por determinado lugar. Lo invisible depende de lo visible y viceversa.

Los principios del feng shui amplían el concepto de que lo invisible influye en nuestra vida. Según el feng shui, la forma y la ubicación de las habitaciones y los edificios pueden tener un profundo efecto en sus ocupantes. Por ejemplo, si el baño está en la esquina de la riqueza de la casa, es probable que el dinero se escape ("se vaya por el caño"). Sería fácil descartar como supersticiosa esta idea del feng shui y muchas otras. Pero hay muchísimas personas a las que se le iluminan los ojos al darse cuenta de que su excusado está en la esquina de la riqueza de su casa o negocio, y que están experimentando problemas económicos o financieros. Cuando estas personas efectúan correcciones de feng shui y observan el cambio en sus finanzas y su prosperidad, desechan sin dudar la idea de que se tratre de una superstición. Esto no quiere decir que vayan a ganar la lotería en cuanto efectúen las correcciones, sino más bien que se restablece el equilibrio energético en su casa y su oficina y, en consecuencia, crean más armonía y prosperidad en su vida.

RESUMEN

Los conceptos de energía universal o chi, equilibrio y armonía, energía visible e invisible, y los ciclos de cambio en nuestro mundo, forman una base importante para el estudio pormenorizado del feng shui.

4

El feng shui y el ambiente exterior

Los principios del feng shui se basan en el Primer Mapa de Lo, elaborado por Fu Hsi, y en la observación de diferentes elementos del ambiente exterior que se empleaban para elegir el lugar más conveniente para enterrar a los antepasados de la familia. En este Capítulo se explica cómo aplicar al mundo moderno estos conocimientos.

Antes que nada, es importante saber que hay dos escuelas de feng shui: la clásica y la intuitiva.

LA ESCUELA CLÁSICA DEL FENG SHUI

Esta es la escuela antigua de feng shui, en la que el geomántico utiliza una brújula o loupan. El loupan consta de varios anillos concéntricos que representan los cinco elementos de la naturaleza, los ocho trigramas primarios, los puntos cardinales y la información del Ki de las Nueve Estrellas.

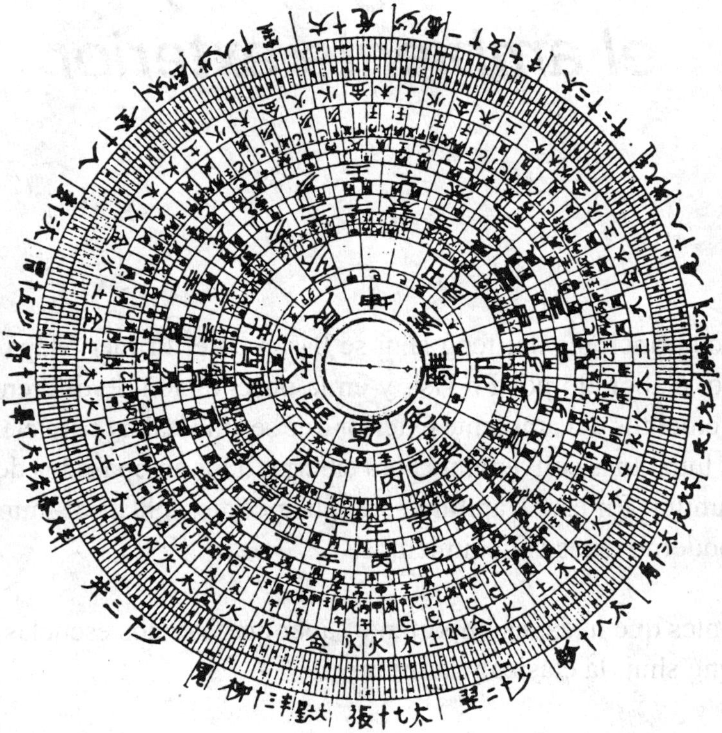

Figura 4.1 Loupan

Para llegar a ser maestro del feng shui clásico se requieren muchos años de aprendizaje y práctica en los países asiáticos, donde la comprensión cultural se adquiere desde temprana edad. Para un occidental instruido es punto menos que imposible llegar a ser maestro de feng shui de la escuela clásica. Es más probable llegar a ser un asesor que aplique intuitivamente los principios. Esto no quiere decir que los aplique de mejor o peor manera, sino sólo que los aplica con otra visión cultural. Puede tener el mismo éxito en el mundo occidental, aplicando los principios en la cultura que comprende.

LA ESCUELA INTUITIVA DEL FENG SHUI

De las personas occidentales instruidas que estudian otras culturas, y de la información que proporcionan las personas de herencia asiática, surgió la escuela intuitiva del feng shui. Este método se desarrolló cuando empezó a haber una mayor comprensión de las filosofías orientales en todo el mundo, y una mayor aceptación de los enfoques no europeos de la vida. Esta escuela combina principios muy antiguos del feng shui con la intuición, el sentido común y la comprensión cultural de la sociedad donde han de aplicarse, para lograr lo mejor de ambos. En el feng shui de la escuela intuitiva intervienen la observación, la intuición y el sentimiento, y se ponen en práctica las reglas fundamentales que han surgido a lo largo de miles de años de observación. Este libro se basa en los principios del feng shui intuitivo.

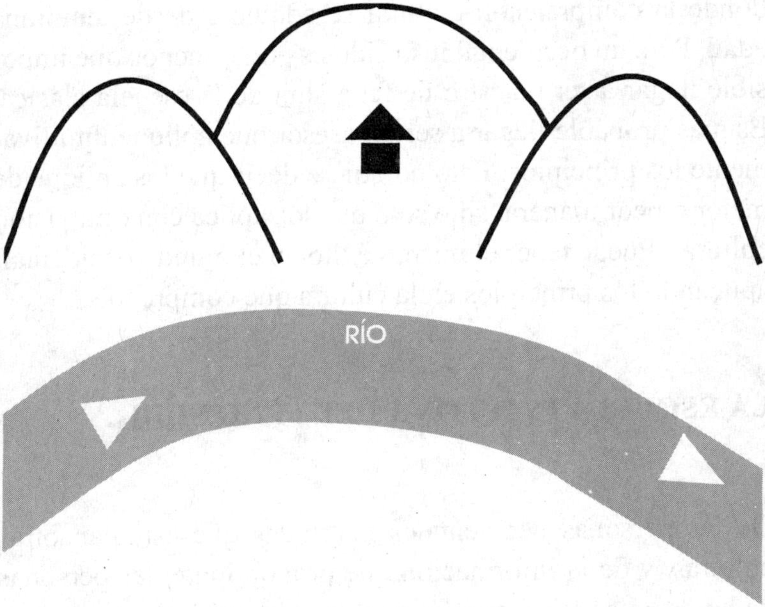

Figura 4.2 Diagrama clásico del paisaje exterior

EL AMBIENTE EXTERIOR

Sea cual fuere el sistema empleado, lo primero que hay que observar es la influencia general del ambiente exterior sobre determinado lugar, y luego analizar la fuente y cantidad de flujo de chi que hay en el entorno del lugar que se está estudiando: la influencia de los ríos, los caminos, las montañas, los árboles y los edificios que rodean la casa o el negocio. Hay que localizar especialmente todo aquello que afecta el flujo de chi alrededor del lugar, el flujo que se dirige a él y el que se aleja de él, así como la fuente de chi. Cuando se busque la fuente de chi, hay que estar pendientes de las barreras que puede haber para el flujo del chi, o bien del exceso de éste.

En el diagrama de la página anterior puede verse que, tradicionalmente, el lugar más propicio para ubicar la casa o el negocio es a la mitad de una montaña, con los "brazos" protectores de otras montañas extendidos a uno y otro lados, exactamente como un antiguo sillón de brazos, y con un río que corra tranquilamente frente a las montañas. De esta manera, la casa queda protegida por detrás y por los costados, y el "viento" esparce alrededor un suave flujo de chi. Los lados de la montaña constituyen el recipiente de "agua" para el chi.

Pocos tenemos la oportunidad de vivir en un lugar como éste; no obstante, podemos adaptar este principio general al lugar donde vivimos o trabajamos. Hay que considerar cuáles son las características generales del paisaje natural y del entorno construido por el hombre respecto al lugar en que vivimos.

LAS ESTRUCTURAS EXTERNAS

Antes que nada, la función de las montañas del diagrama clásico del paisaje exterior (Figura 4.2) puede ser ejercida por los árboles y otros edificios de la localidad. Por lo tanto, hay que mirar y valorar las principales características que rodean el lugar. ¿Ayudan a proteger la parte de atrás y los costados,

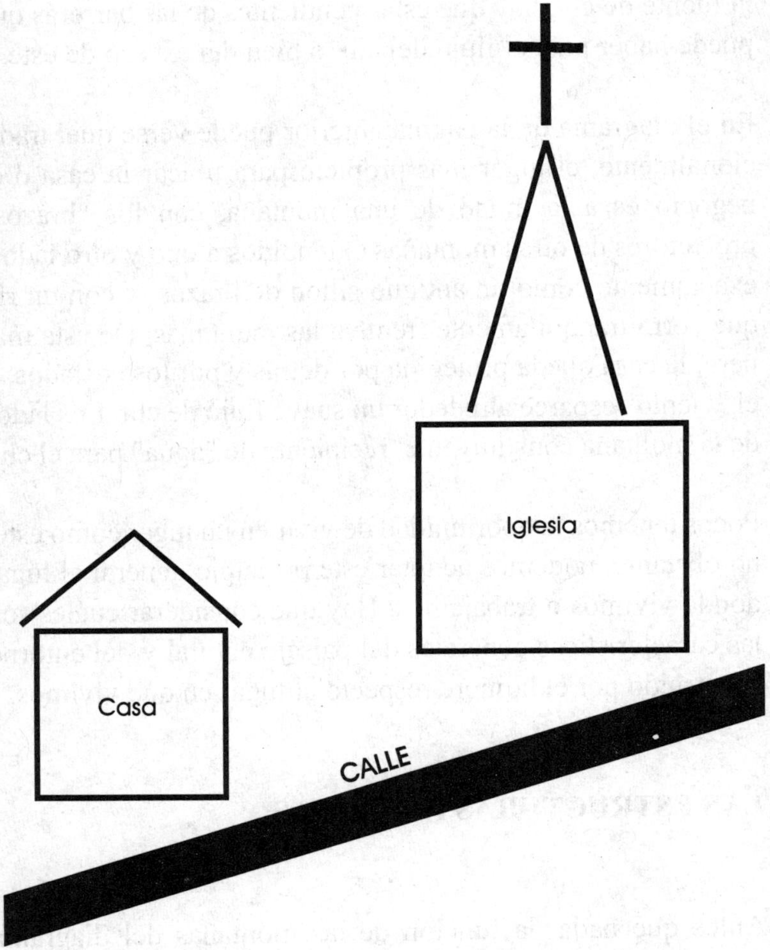

Figura 4.3 Torre de una iglesia y casa

o resultan abrumadoras? Este fino equilibrio sólo puede decidirse mediante la evaluación de las proporciones. Repetimos que no son deseables los casos exagerados de edificios, montañas o árboles (demasiada energía yang) precisamente arriba de la casa u oficina.

Hay que plantarse en el frente del edificio y mirar a ambos lados y a la parte de atrás, observando las proporciones del ambiente que nos rodea. Si son demasiado grandes (demasiado yang), puede que haya que modificar su energía; si uno está demasiado expuesto y sin mucha protección (demasiado yin) habrá que conseguir dicha protección.

Por ejemplo, si junto a la casa hay una iglesia con una torre alta, como se indica en la Figura 4.3, la energía de la iglesia es abrumadora. Tal vez haya que plantar árboles altos a todo lo largo de la división entre la casa y la iglesia, para disminuir esa energía.

En determinadas circunstancias pueden aplicarse otros remedios o soluciones tomados de los conceptos de los Nueve Remedios Básicos (Capítulo 6). Hay que recordar que, sin importar cuál sea la solución, debe sentirse que es adecuada para la situación cultural, social y ambiental del caso. El primer paso en la valoración del feng shui de cualquier lugar es el de considerar el impacto que tienen las estructuras construidas por el hombre sobre los alrededores y sobre el paisaje natural.

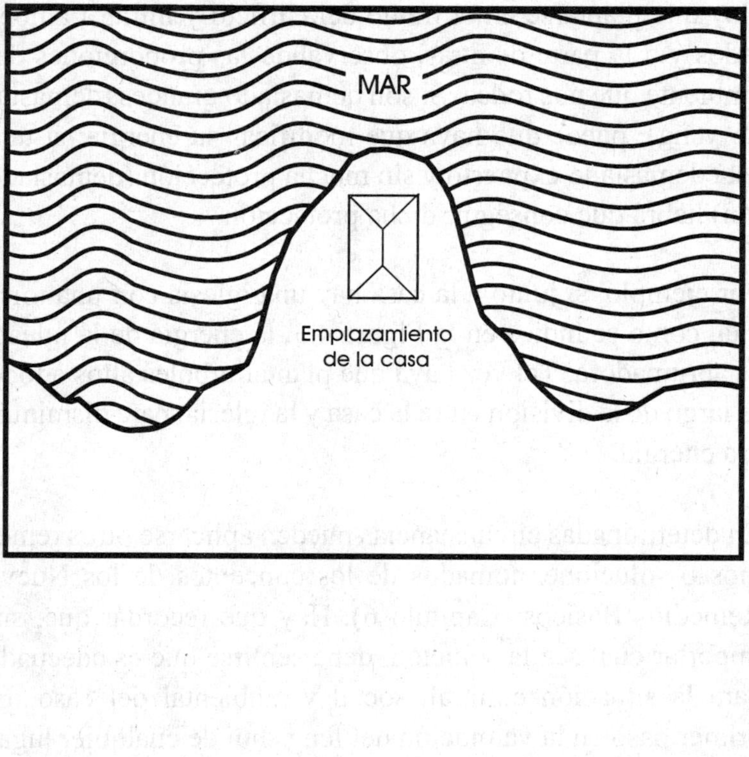

Figura 4.4 Casa ubicada cerca del mar

LAS FUENTES DE CHI

El otro aspecto del ambiente exterior que influye en un lugar es la fuente o "río" de chi que se ve en el diagrama clásico del paisaje exterior (Figura 4.2).

El mar

¿También está demasiado expuesta una casa que se localiza cerca del mar? La casa representada a la izquierda, ubicada en una península, recibe demasiado chi del océano. Esta situación yang debe corregirse rodeando la casa con árboles u otras barreras de este tipo, para reducir la exposición sin afectar el panorama que se observa desde ella, y que seguramente es espléndido. La cantidad y el tamaño que deben tener estos árboles dependen del equilibrio de energía que requieran los habitantes de la casa.

La necesidad del chi ambiental que tiene cada quién varía según sus costumbres y lo que acontece en su vida: ésta es una premisa fundamental del feng shui intuitivo. Para comprender que lo que uno siente es el desequilibrio que hay en su vida, primero que nada hay que analizar dónde se refleja este desequilibrio en el medio ambiente, y luego hacer los ajustes necesarios. Hay que recordar que los ajustes de una casa o negocio en determinada situación pueden no ser los indicados para otra casa o negocio que se encuentren en el mismo lugar.

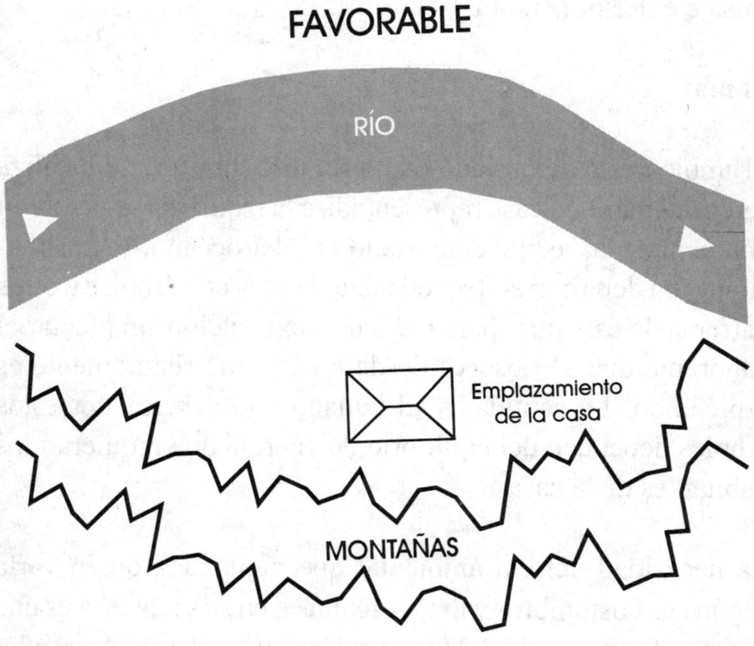

Figura 4.5 Buena ubicación de una casa cerca de un río

El río

Otra fuente posible de chi que hay que tomar en cuenta es la de un río o de un arroyo. En las Figuras 4.5 y 4.6 se ilustran casos posibles del flujo de un río y la buena o mala localización de las casas. En la localización desfavorable se recibe demasiado chi.

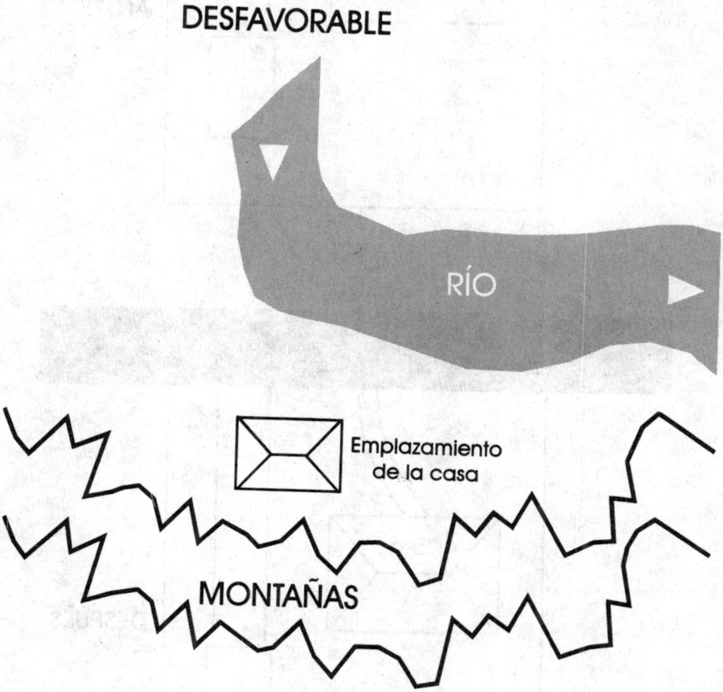

Figura 4.6 Mala ubicación de una casa cerca de un río

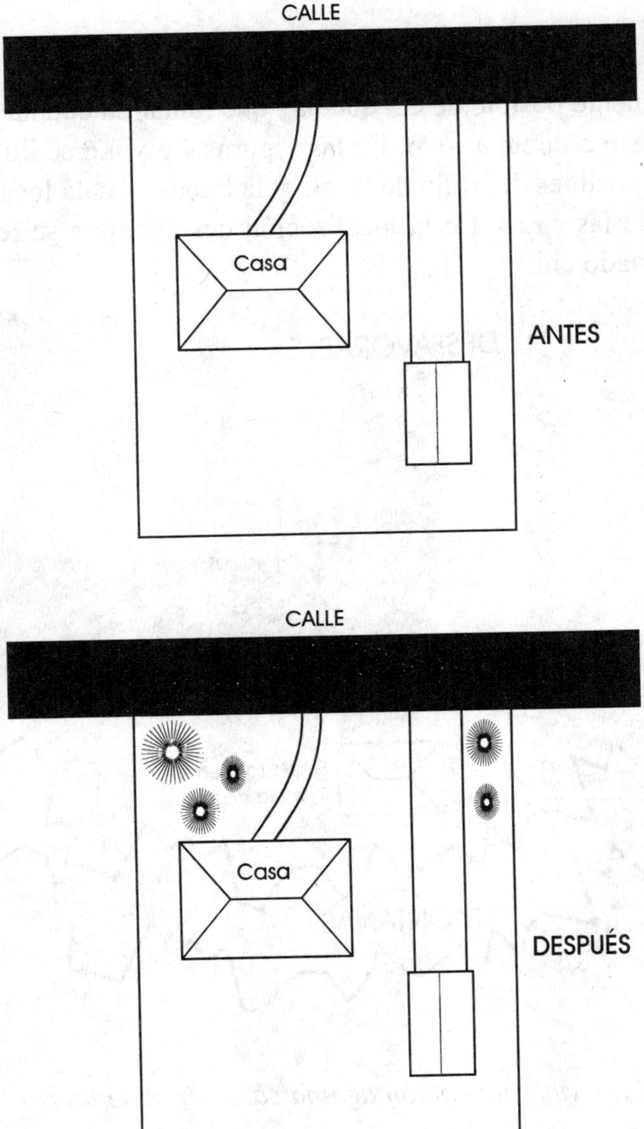

Figura 4.7 Casas en una calle

Los caminos

Hay muchas casas que no están cerca del mar o de un río, sino de caminos en los que hay tráfico y movimiento. Aquí empezamos a ver cómo se aplican simbólicamente los principios. El movimiento del tráfico en el camino simboliza el flujo de agua en un río.

Por ejemplo, el chi pasa de largo frente a la casa o el terreno de una calle suburbana, si uno no trata de captarlo con árboles o arbustos a lo largo de sus linderos, como lo hacen las montañas del diagrama clásico. Aunque la mayor parte de la gente hace esto intuitivamente, siempre es conveniente empezar con lo esencial. Hay que captar algo de chi para que las oportunidades no sigan pasando de largo frente a la casa y sus habitantes.

La intensidad del movimiento del chi y el tamaño de los árboles o arbustos varía dependiendo de la intensidad del tráfico. Por un camino grande fluye más chi que por una callejuela suburbana, por lo que se requieren diferentes correcciones.

Otro factor del flujo de chi es que el camino pase precisamente frente a la propiedad, que se doble suavemente frente a ella, o que llegue directamente a la puerta del frente.

La "peor" ubicación es cuando forma una "T". En este caso la casa está expuesta a demasiado chi (que en este caso se conoce como chi sha). Así como el poco chi que recibe la casa de la

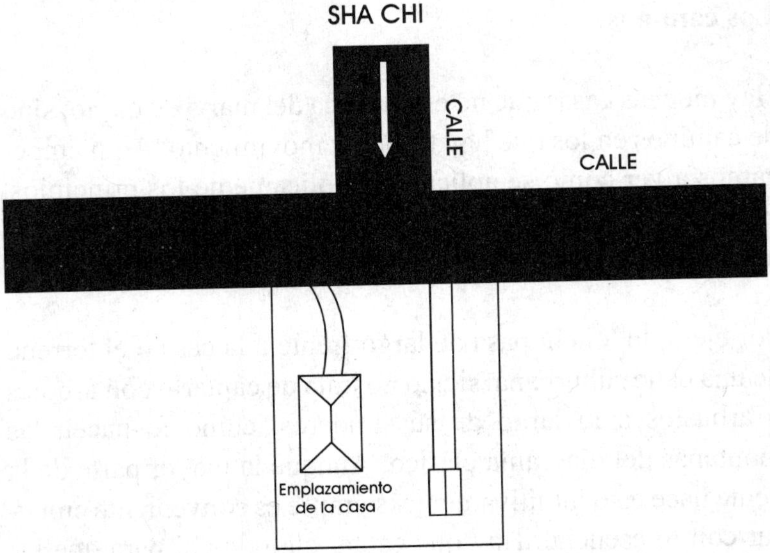

Figura 4.8 Casa ubicada en una intersección en "T"

Figura 4.7 plantea un problema, también lo plantea el exceso de chi, en particular cuando ese chi llega en línea recta, como si todos los que pasan frente a la casa, ya sea a pie o en un vehículo, lo tuvieran a uno a la vista y le enviaran a uno su energía, ya sea buena o mala. Si uno no desvía o reduce la energía, la casa o el negocio reciben demasiado chi y se desequilibran. Una situación parecida se encuentra al final de las calles cerradas, como se indica en la Figura 4.8.

Estas puntas de chi pueden corregirse aplicando alguno de los Nueve Remedios Básicos que se analizan en el capítulo 6, como por ejemplo fuentes, móviles sonoros, espejos, árboles

Figura 4.9 Casa ubicada al final de una calle cerrada

o arbustos, o alguna otra corrección de este tipo que frene y "tuerza" la punta del chi.

En algunos de los edificios famosos del mundo se han aplicado intuitivamente los principios del feng shui, sin que se supiera ni remotamente la existencia de este arte. Al observar la fuente que se encuentra entre la alameda y el palacio de Buckingham, se ve claramente que el chi de la alameda se curva y se frena.

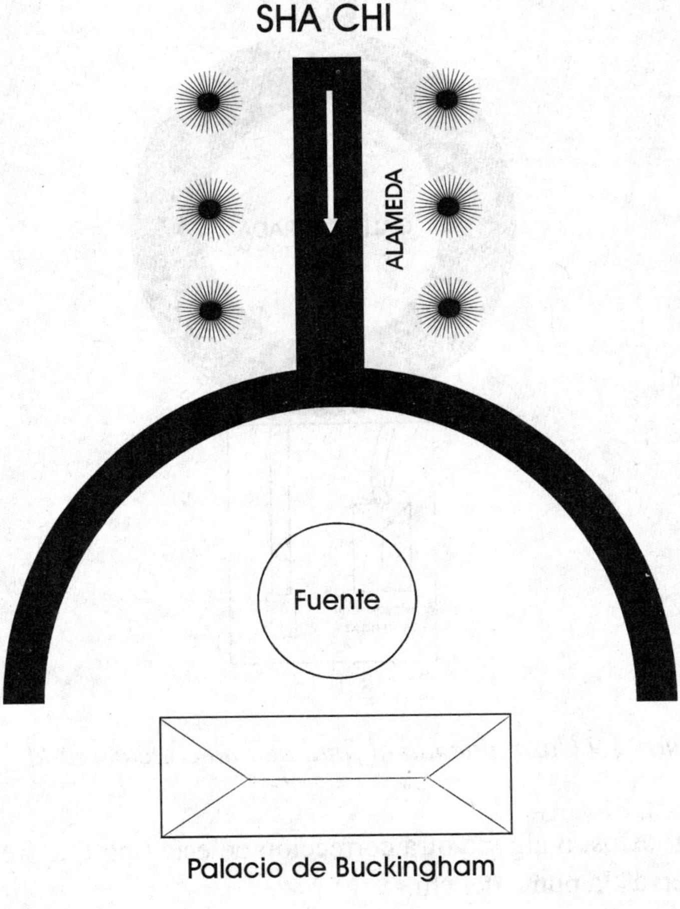

Figura 4.10 La Alameda y el Palacio de Buckingham

Otro ejemplo de chi sha se encuentra en las casas en las que el largo sendero del jardín desemboca precisamente en la puerta del frente. Es necesario frenar el chi, ya sea doblando el caminito o colocando una corrección o remedio a lo largo del sendero.

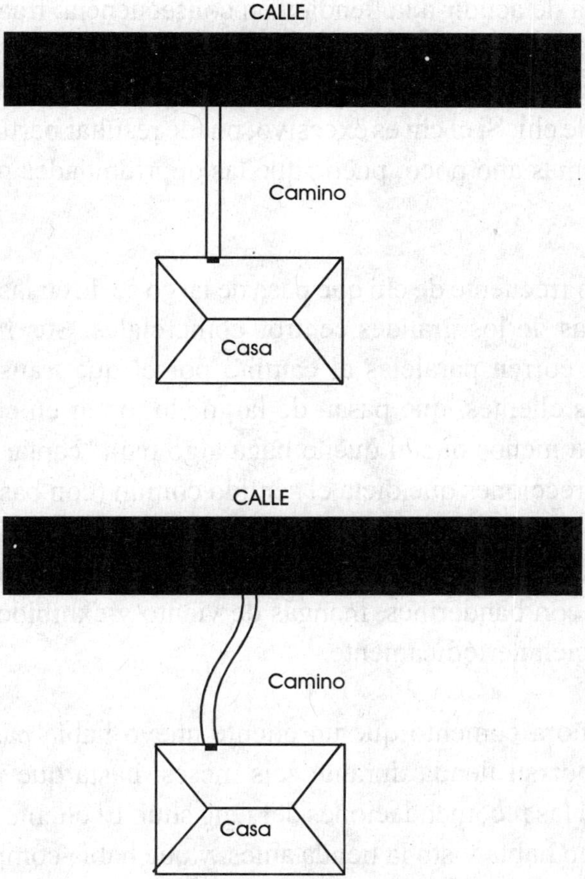

Figura 4.11 Camino del jardín delantero

En los negocios suele encontrarse una variante de estas ideas. Los negocios ubicados al final de un entronque en T suelen cambiar de dueño con frecuencia y fracasar. También en este caso se debe al exceso de chi que recibe el edificio, y que hace que los clientes se sientan incómodos. Muchas veces la clientela deja de acudir a la tienda y,en consecuencia, fracasa.

Es importante estudiar la ubicación del negocio respecto a la fuente de chi. Si el chi es excesivo, puede resultar perturbador; si es demasiado poco, puede que las oportunidades pasen de largo.

Un caso frecuente de chi que pasa de largo se da en las tiendas pequeñas de los grandes centros comerciales. Sus frentes y puertas corren paralelas al camino por el que transitan los posibles clientes, que pasan de largo sin tomar en cuenta la tienda, a menos que el dueño haga algo para "captar el chi". Las correcciones que dicta el sentido común (con base en los Nueve remedios básicos de que se habla en el capítulo 6), consisten en arreglar los escaparates de manera colorida y vistosa con banderines, mangas de viento y exhibidores que se cambien periódicamente.

Una señora comentó que un cliente nuevo había pasado de frente por su tienda durante seis meses, hasta que puso en práctica las recomendaciones del feng shui. El cliente comentó que no había visto la tienda antes, y que había comprado el mismo producto en otro negocio que le quedaba más lejos.

RESUMEN

El ambiente exterior que nos rodea es el primer lugar en el que observamos la influencia del paisaje natural y el hecho por el hombre. Asimismo, es el primer lugar en el que hay que ajustar el flujo y el recipiente de chi, antes de analizar el ambiente interior.

El propósito del feng shui es lograr que el chi fluya armónicamente por los lugares y por sus alrededores. Para modificar el flujo de cualquier lugar y equilibrarlo pueden efectuarse correcciones y aplicarse remedios. Al poner en práctica cualquier concepto del feng shui, es importante recordar que sus principios son simbólicos, y que, si bien se establecieron hace más de dos mil años, todavía pueden aplicarse a las casas y negocios de la actualidad, si se hace uso de la intuición y del sentido común.

Ejercicio

Salga del edificio en el que se encuentra ahora y, mientras observa la fachada, tome nota de las influencias exteriores que pueden estar afectando el flujo de chi alrededor del lugar y dentro de él. ¿Qué correcciones son necesarias para modificar este chi? Puede que al principio no sean obvias; sin embargo, cada día, cuando se desplace por el lugar, empiece a observar la influencia que tiene el ambiente exterior en diferentes edificios y en los sentimientos que le producen a usted. Cuanto más observe el mundo que le rodea, mejor comprenderá el funcionamiento del feng shui en el ambiente exterior.

5

La forma y el feng shui

LA FUNCIÓN DE LA BAGUA

Una vez que se comprenden y corrigen los aspectos externos del medio ambiente, el siguiente factor que hay que tener en cuenta es la forma externa de la casa o el negocio. El feng shui define como "bagua" al equilibrio o desequilibrio energético provocado por la forma externa de un lugar.

La bagua (también llamada pakua) proviene del Primer Mapa de Lo (Figura 1.2), que se elaboró gracias a las observaciones de Fu Hsi. Alrededor del año 1200 a. C., en la dinastía Chou, el rey Wen y el duque de Chou le hicieron algunas modificaciones al Primer Mapa de Lo. Si bien pensaban que la teoría de Fu Hsi era magnífica, el equilibrio de los ocho trigramas no permitía ningún movimiento ni ciclos de energía, ya que estaban perfectamente equilibrados con los correspondientes trigramas que cada uno tenía enfrente, en el mapa. El emperador y el duque reconocieron que el movimiento y los ciclos forman parte esencial del fluir natural de la tierra. En consecuencia, modificaron el Primer Mapa de Lo, resultando el Último Mapa de Lo, que se encuentra a continuación.

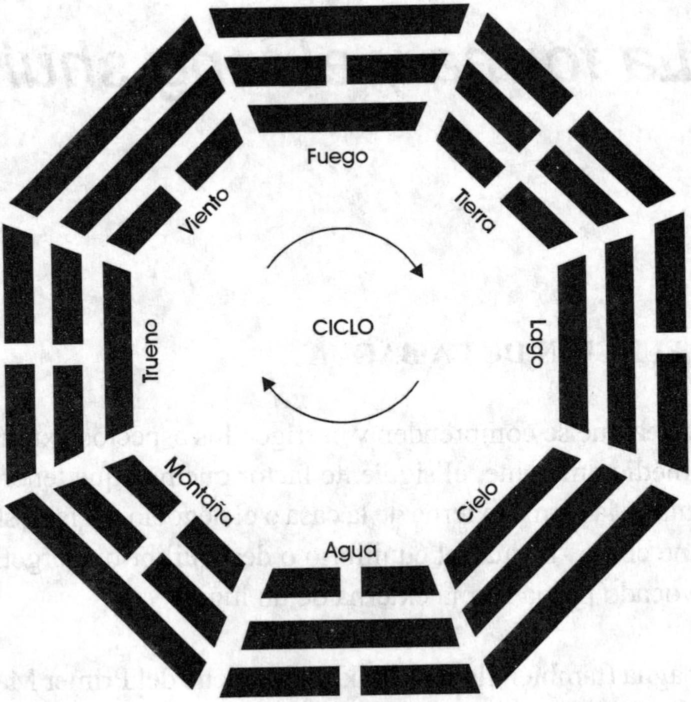

Figura 5.1 Último Mapa de Lo

Wen y Chou idearon cambios muy inteligentes para dar cabida a este movimiento, sin alterar demasiado la base original del Mapa de Lo. Colocaron los trigramas del Fuego y el Agua uno frente al otro; el Cielo y la Tierra del mismo lado, con el Lago en medio; el Viento y el Trueno juntos y del mismo lado; y la Montaña y el Lago en diferentes lados,

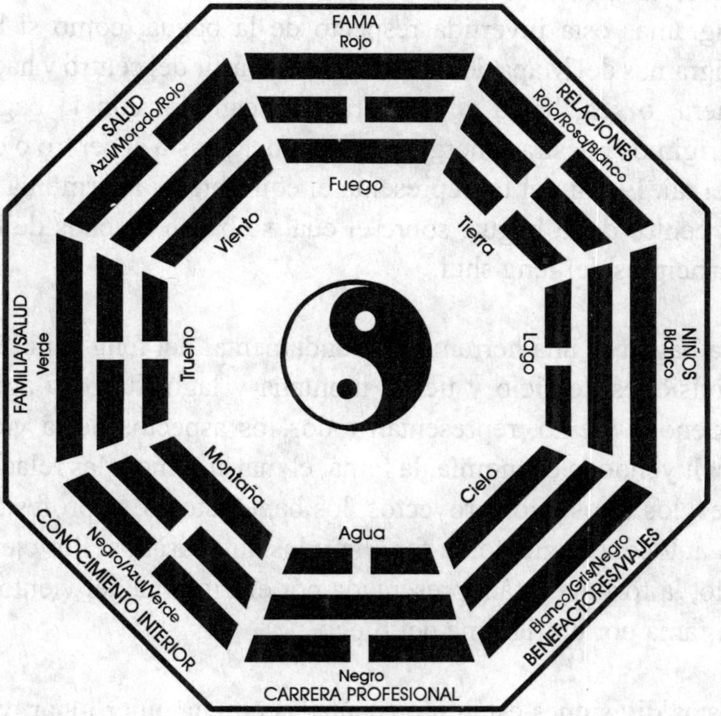

Figura 5.2 La bagua

separados por el Agua y el Cielo. Así dieron movimiento al mapa, y al mismo tiempo permitieron cierto equilibrio en las oposiciones del Mapa de Lo. Este es el Último Mapa de Lo, y de él surgió posteriormente la bagua.

También la bagua tiene ocho trigramas, y además un noveno elemento en el centro, con la forma del símbolo del equilibrio del yin y el yang, que se llama "el chi del tai". Es interesante observar que en el Último Mapa de Lo la disposición de los trigramas está invertida respecto de la bagua, como si los trigramas del Mapa de Lo se leyeran a partir del centro y hacia fuera, o sea, hacia el Universo; en cambio, con la bagua dirigimos nuestras energías desde afuera hasta el centro o chi del tai. El chi del tai representa el equilibrio y la armonía en el centro de la bagua, sobre el cual se basan muchos de los principios del feng shui.

La bagua es una herramienta fundamental del feng shui. Sus divisiones de cielo y tierra, montaña y lago, fuego y agua, trueno y viento, representan todos los aspectos de la vida, incluyendo la economía, la fama, el matrimonio y las relaciones, los hijos y los proyectos, los benefactores, la profesión, el autoconocimiento, la familia y los antepasados. Por ejemplo, la fortuna está representada por el trigrama del viento, y la fama por el trigrama del fuego.

Estas divisiones están representadas en cualquier lugar, y la forma de cualquier lugar (terreno, habitación o escritorio) da la clave de lo que sucede en la vida de la gente relacionada con ese lugar. Con el fin de ilustrar y explicar la bagua, podemos simplificarla y representarla como en la Figura 5.3. (Obsérvese que en la práctica las "Nueve" divisiones cuadradas no siempre son cuadradas ni tienen el mismo tamaño.)

Según el feng shui, la forma exterior de un terreno, un edificio

Figura 5.3 Bagua práctica

o una habitación tiene un verdadero efecto en el flujo de la energía y en el equilibrio general de dicho lugar. Al colocar la bagua sobre el terreno, edificio o habitación, las esquinas

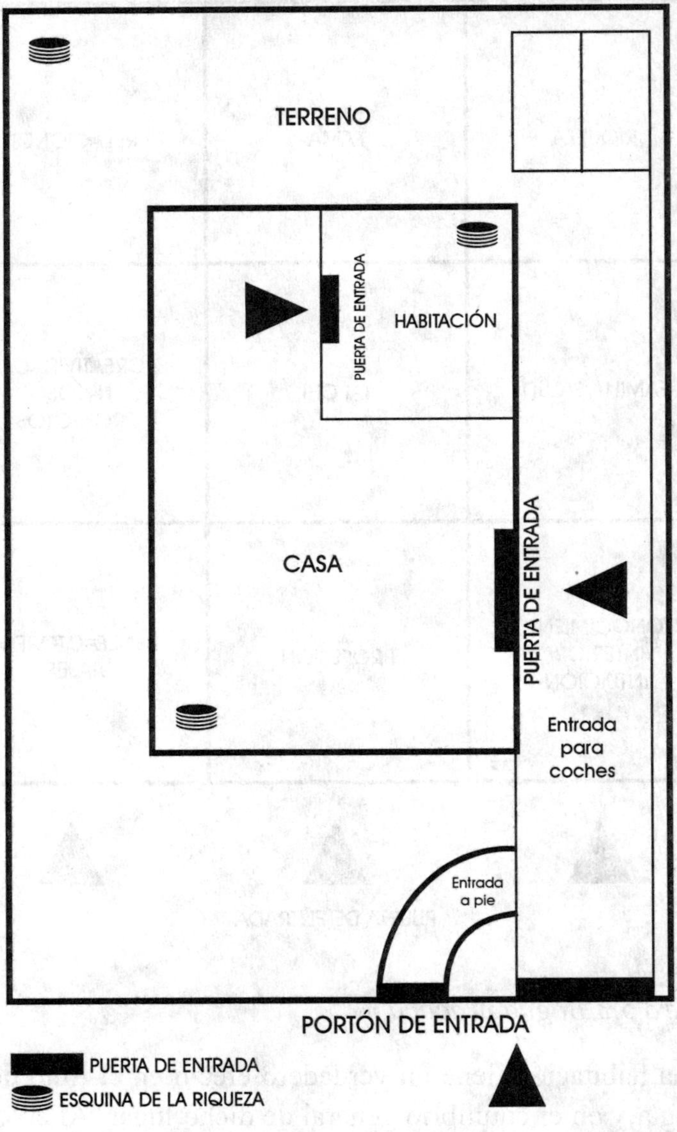

Figura 5.4 Puerta de entrada y esquinas de la riqueza

que faltan en el plano destacan algunos aspectos de la vida de la gente.

Cada esquina o sección faltante provoca un desequilibrio energético en los habitantes del lugar, y puede indicar problemas en la profesión, el matrimonio o las relaciones, la fama, la familia, la economía, los benefactores y asistentes, o en el autoconocimiento. Esto no quiere decir que todos tengamos que vivir en casas rectangulares, sino que, si hay desequilibrios, podemos tomar medidas para corregirlos.

Antes de estudiar con más detenimiento la aplicación de la bagua, explicaré algunos conceptos básicos que son importantes para interpretarla. Estos son, primero que nada, la definición de la "puerta principal o puerta del frente", que decide en qué dirección se aplica la bagua; luego la forma del lugar y, por último, el espacio negativo o los salientes en los cuales se destacan algunas secciones de la bagua, o bien se les resta importancia.

LA PUERTA PRINCIPAL O DEL FRENTE

La puerta del frente del terreno, la casa, la oficina o la habitación indica en qué dirección se aplica la bagua a un lugar. El feng shui considera que la puerta del frente es la principal fuente de chi del lugar, así como considera que nuestra boca es la puerta de entrada de chi en nuestro cuerpo. La puerta principal es el punto fijo desde donde se aplica la bagua.

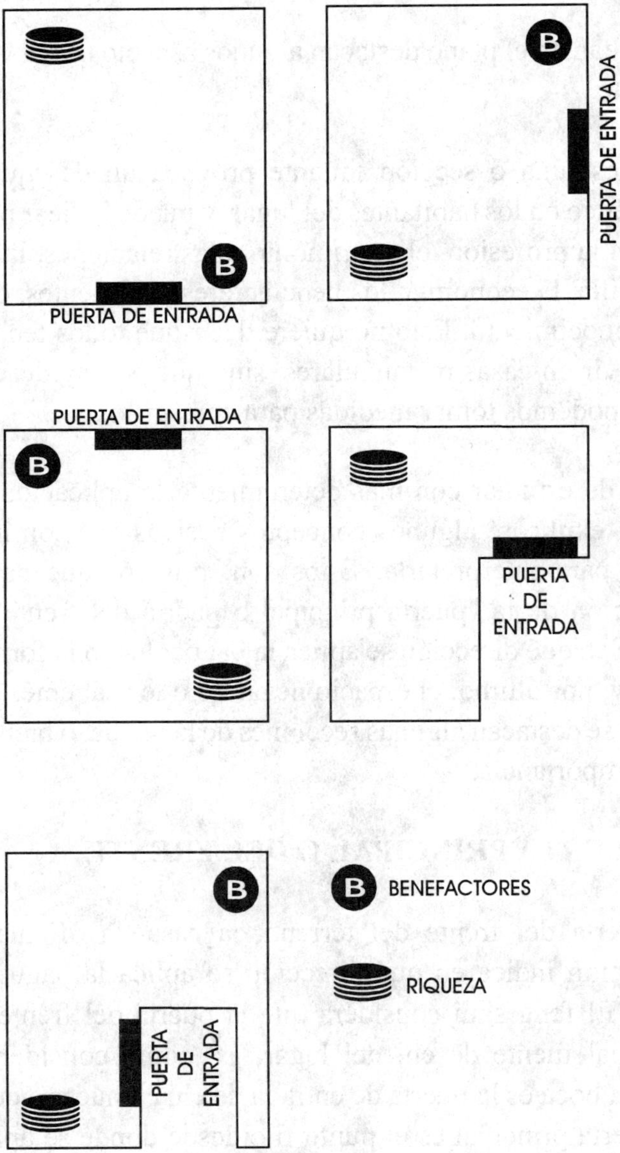

Figura 5.5 Ejemplos de puertas de entrada

La puerta principal de la mayoría de los lugares es razonablemente obvia desde el punto de vista físico, pero hay que recordar que estamos hablando del mundo invisible de la energía para aplicar los principios del feng shui, y que de hecho estamos buscando la puerta energética principal.

La definición tradicional y clásica de puerta frontal es la puerta a la cual toca alguien que viene a un lugar por primera vez. Por ejemplo, alguien que nos visita por primera vez o alguien que viene a entregarnos un paquete, se dirige a la "puerta del frente". Esta es la puerta del frente, aunque el 99% de las personas entren por la puerta trasera.

En un edificio de departamentos o en una oficina, la puerta principal del lugar en que uno vive o trabaja es la puerta principal de nuestro departamento u oficina. Si se aplica el feng shui a todo el edificio, se usa la puerta del frente del edificio. Entonces, esta es la puerta del frente de cualquier espacio que uno esté equilibrando. Si se está equilibrando todo un terreno, se aplica la bagua a la forma del terreno, a partir de la puerta del frente del terreno. Si se equilibra una casa, se aplica a la forma de la casa, a partir de su puerta del frente. Si se equilibra una habitación, se aplica a la forma de la habitación, a partir de la puerta del frente de la habitación. En la figura 5.4 se muestran estas distintas aplicaciones de la puerta del frente y la esquina de la riqueza de cada lugar.

En la figura 5.5 se dan más ejemplos de la relación entre la bagua y la puerta principal. Esta puerta siempre se proyecta hacia el borde externo de la forma de la bagua, y siempre está

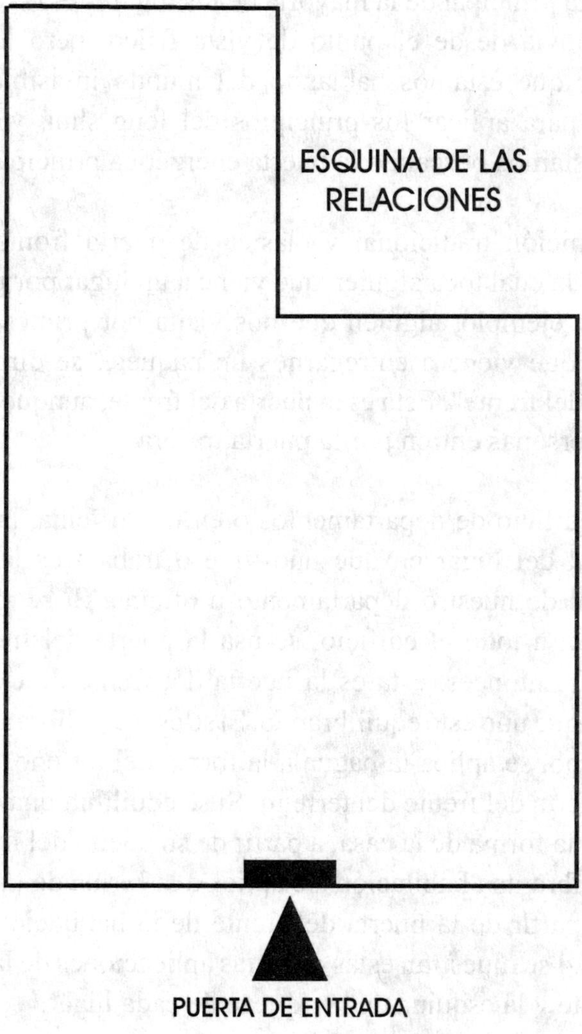

Figura 5.6 Forma de una casa a la que le falta la esquina de las relaciones

en las secciones del autoconocimiento, la profesión o carrera, los benefactores y asistentes, o bien se proyecta hacia ellas.

LA INTUICIÓN PUEDE VIOLAR LAS REGLAS

La definición de la puerta del frente o principal no siempre es tan sencilla como la definición tradicional que se acaba de dar. Algunas casas tienen varias puertas que pueden ser la del frente, dependiendo de cómo se interprete la definición clásica. La puerta "trasera" puede ser la puerta energética del frente.

Es importante no dejarse atrapar por las reglas tradicionales, ya que a veces no proporcionan las respuestas para la situación que estamos analizando. Hay que regresar a los fundamentos y pensar en lo que uno está tratando de hacer: equilibrar el chi o energía de determinado lugar. Para lograrlo, las decisiones deben tomar en cuenta la manera en que la aplicación de estas reglas influye en la energía de nuestro cuerpo. Hay personas tan intuitivas que sencillamente saben energéticamente lo que hay que equilibrar en determinado lugar, y dónde está ubicada la puerta energética principal. Por desgracia, la mayoría de nosotros (todavía) no posee esa sensibilidad.

Sin embargo, la mayoría de la gente puede aprender a usar una vara o un péndulo en poco tiempo. (Véase el Apéndice D.) Cuando se usa un péndulo o vara, se reacciona al efecto energético de determinado lugar sobre la gente, de manera que cuando uno no está seguro de cuál es la principal puerta energética, siempre puede emplear la vara o el péndulo para preguntar ¿Cuál es mi principal puerta energética? Si se utiliza

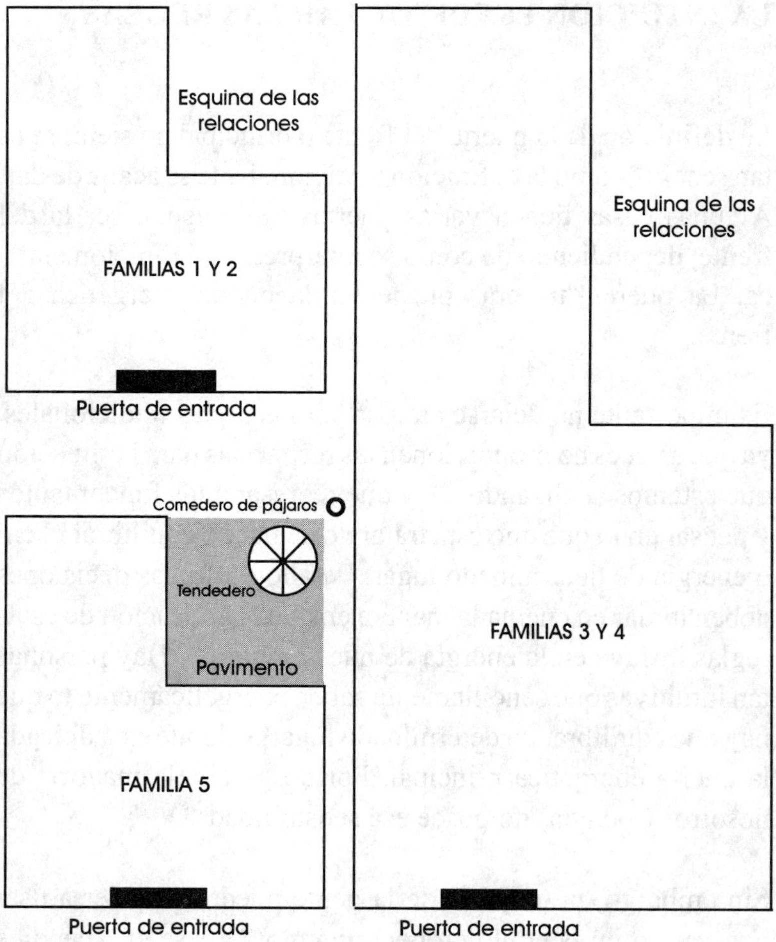

Figura 5.7 Esquinas de las relaciones en las casas de cinco familias

una vara, ésta apuntará a la "puerta energética del frente". Si se emplea un péndulo, uno puede preguntar: ¿Es ésta la puerta energética de esta casa o de esta habitación?

LA FORMA

No todos vivimos en casas cuadradas con la bagua perfectamente equilibrada. Pero, aunque así fuera, otros factores podrían alterar el chi. La mayoría de las personas vive o trabaja en construcciones cuya forma externa no es cuadrada. De manera que, desde el punto de vista de la bagua, "les falta un pedazo". La mejor manera de explicar el concepto de forma y de la bagua es tomando en cuenta una casa con la forma de la Figura 5.6.

Según las reglas del feng shui, quienes viven o trabajan en lugares que tienen esta forma suelen tener problemas para relacionarse con su pareja, sus socios, sus clientes y sus hijos. Puede que estos problemas no se presenten desde el primer día que viven en esa casa, pero con el tiempo la energía desequilibrada del lugar empezará a afectar su vida. De manera que en los departamentos y las casas con esta forma suelen vivir personas solteras, personas separadas, o personas que tienen dificultad para entablar relaciones satisfactorias.

Para ilustrar este punto, a cinco casas analizadas durante los últimos 12 meses les faltaba la "esquina del matrimonio y de las relaciones" (cuando las casas se ven desde la puerta del frente, les falta la esquina superior de la derecha; véase el diagrama anterior de la bagua y el plano de la casa de abajo). Cuatro de las familias estaban a punto de separarse, tramitando su divorcio, y no habían rectificado la esquina de las relaciones; en cambio, la quinta familia era de lo más feliz, pues había equilibrado intuitivamente la esquina faltante pavimentando un cuadrado del terreno y poniendo en él un comedero para pájaros y un tendedero. Todas estas rectificaciones generaban chi y equilibraban la bagua. Para energetizar las esquinas faltantes puede aplicarse cualquier corrección o remedio que produzca movimiento. (En el siguiente capítulo hablaré de los "Nueve remedios básicos".)

Las representaciones de las esquinas faltantes pueden aplicarse de la misma manera a otras formas, pero la forma de un lugar sólo debe ajustarse si es lo que los ocupantes desean equilibrar en su vida. Si alguien está completamente feliz viviendo solo en esa etapa de su vida, no es necesario corregir su esquina del matrimonio y de las relaciones.

En términos generales, la forma de una propiedad (terreno, casa, departamento u oficina) viene dada por sus linderos legales. Con todo, las pérgolas, las cocheras abiertas o techadas y las terrazas suelen provocar interrogantes respecto de las formas de las casas. Como en todos los casos, para saber "cómo se siente" la forma que representa energéticamente nuestra casa, primero tenemos que confiar en nuestra intuición. Una manera de determinar la forma es imaginando que uno mira su casa desde un helicóptero, y cómo se ve desde ahí la forma del techo de los cuartos habitables. En el 80% de

Figura 5.8 Espacio negativo

los casos esto delimita la forma que se debe usar al aplicar la bagua. Sin embargo, si hay una cochera pegada a un costado de la casa, ésta no se incluye en la forma de la casa, a menos que la línea del techo entre la casa y la cochera sea continua. Este mismo principio se aplica en otras situaciones parecidas. En caso de duda, hay que preguntar con el péndulo.

LOS SALIENTES Y EL ESPACIO NEGATIVO

El espacio negativo de un lugar es la parte faltante de una forma, así como la esquina de las relaciones faltaba evidentemente en el ejemplo de arriba.

Pero ¿qué pasa si sólo falta un pedazo muy pequeño? ¿A qué tamaño le podríamos decir pequeño? La ilustración de la izquierda muestra dos ejemplos patentes de espacio negativo. El tercer dibujo muestra una esquina de la riqueza (A) que posiblemente falta, o bien un saliente de las esquinas de las relaciones y de la fama, dependiendo de la dimensión del espacio marcado como "X".

No es posible dar una definición exacta de lo que es un saliente y lo que es espacio negativo. No obstante, podríamos decir que en la mayoría de los casos el espacio señalado como A es negativo si la dimensión X es mayor de 0.5 m. Por lo contrario, si es menor de 0.5 m, las áreas del matrimonio y de la fama se consideran salientes. En tanto que el espacio negativo indica que en un esquema falta algo, el saliente señala una zona a la que tal vez se le esté dando demasiada importancia, de acuerdo con la bagua.

El ejemplo anterior contiene algunas indicaciones generales sobre el espacio negativo y los salientes. Sin embargo, no hay que sentir temor de hacerle caso a los sentimientos intuitivos sobre la aplicación de estos principios en nuestra casa.
Un ejemplo clásico de la idea de saliente es la oficina ovalada que se encuentra en la sección de la fama de la Casa Blanca.

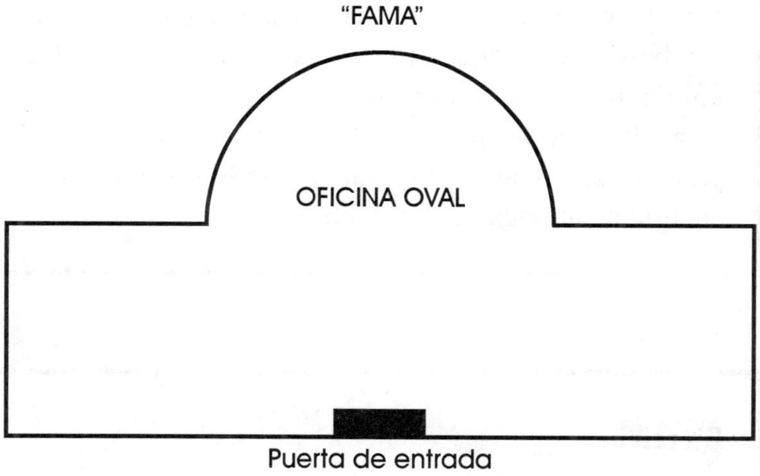

Figura 5.9 La Casa Blanca

RESUMEN

Para evaluar el feng shui de cualquier lugar hay que empezar por el ambiente exterior general, y terminar con los detalles más pequeños de la casa u oficina.

Un procedimiento sencillo que puede seguirse al analizar una casa es el de estudiar primero las influencias del ambiente externo mencionadas en el capítulo 4, y luego aplicar la bagua a todo el terreno, a partir de la puerta del frente; después aplicar otra bagua a la forma de la casa; luego aplicar la bagua a cada habitación de la casa, con base en la puerta del frente de cada habitación. Por último, hay que estudiar algunos de los otros conceptos sobre la energía que se indican en el capítulo 8. El proceso de afinar y observar el equilibrio total de la energía de un lugar no tiene fin.

Ejercicio

Haga un plano con la forma de su casa u oficina y determine si falta alguna esquina o sección. ¿Refleja esto lo que sucede en su vida en este lugar, o ha generado usted intuitivamente chi en las secciones faltantes?

6

Los nueve remedios básicos

Si después de leer los anteriores capítulos el lector se da cuenta de que a su lugar le falta equilibrio o necesita modificar el flujo de chi, el feng shui le indica "Nueve remedios básicos" o correcciones de energía que puede aplicar a su casa o negocio. En esta fase no hay que preocuparse por si los remedios no combinan con la decoración de su casa o trabajo; sólo hay que recordar que lo importante es la aplicación simbólica de estos remedios.

El propósito básico de los remedios es generar más chi, frenar el chi que entra en línea recta, fijarlo o captarlo. En la mayoría de los remedios se emplea alguna forma de energía, ya sea luz, sonido, viento, agua o una combinación de estas energías.

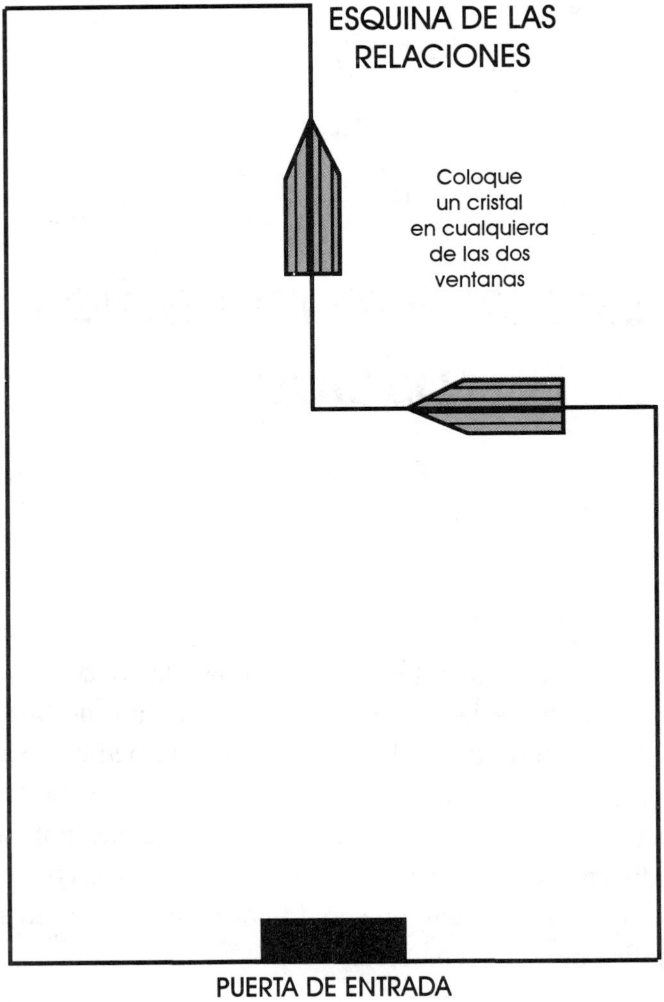

Figura 6.1 Rectificación de la esquina de las relaciones mediante un cristal

1. LOS OBJETOS BRILLANTES

Los cristales

Los cristales clásicos del feng shui son pequeños, esféricos y de plomo; no son cristales naturales de cuarzo rosa ni cristales citrinos. Estos cristales generan chi al atraer la energía de la luz del exterior y con frecuencia reflejan un arco iris en las paredes de la habitación en la que se colocan. Utilizando el ejemplo del matrimonio del capítulo anterior, podríamos poner un cristal en la ventana, como se muestra abajo, el cual llenaría el "espacio negativo" de la esquina faltante.

Quienes viven en un departamento o trabajan en oficinas en las que faltan esquinas de las "relaciones" pensarán: ¿Cómo puedo hacerlo? No tengo ventanas en este piso, y no puedo meterme a la casa de los vecinos para recuperar la esquina que me falta. Aquí es donde pueden utilizarse los siguientes remedios de feng shui: los espejos.

Los espejos

Los espejos, que probablemente son el remedio más común de feng shui, se emplean para atraer chi cuando el espacio negativo le resta equilibrio a una forma. En nuestro anterior ejemplo del "matrimonio", la esquina del matrimonio o las relaciones faltante puede llenarse de energía colocando espejos en la pared, en cualquiera de los lugares que se muestran abajo.

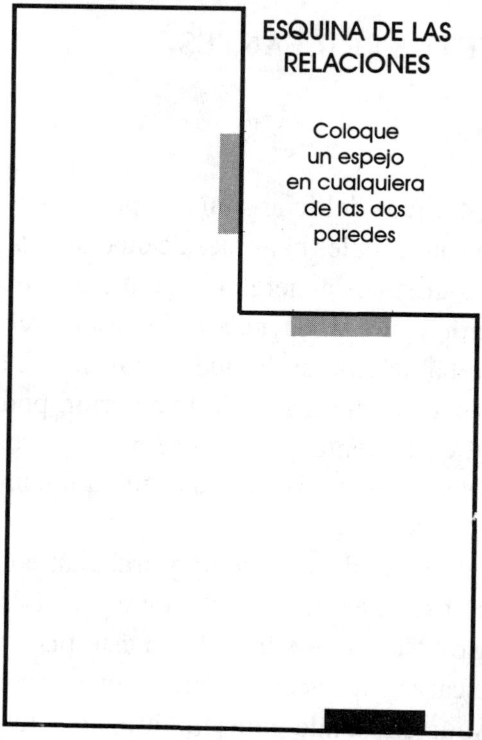

Figura 6.2 Esquina del matrimonio o de las relaciones corregida con un espejo

Este empleo de los espejos surte efecto en cualquier situación en la que casen con la decoración. Pero ¿qué sucede cuando los espejos grandes no combinan con la decoración? ¿Qué sucede si hay muebles fijos a lo largo de estas dos paredes? ¿Qué se puede hacer? Hay que recordar la base energética del feng shui. El simbolismo y la intención de cualquier corrección que se hace merecen siempre respeto y comprensión. Se puede conseguir el mismo resultando colocando simbólicamente pequeños espejos tras los muebles o los cuadros. Si ésta es la única solución posible, entonces hágase la prueba con espejos muy pequeños y véase si la vida recupera algo de equilibrio en los próximos meses. En caso contrario, puede ser necesario revisar otros aspectos de la disposición de la casa. Los espejos también pueden emplearse para reflejar en el interior el chi del exterior.

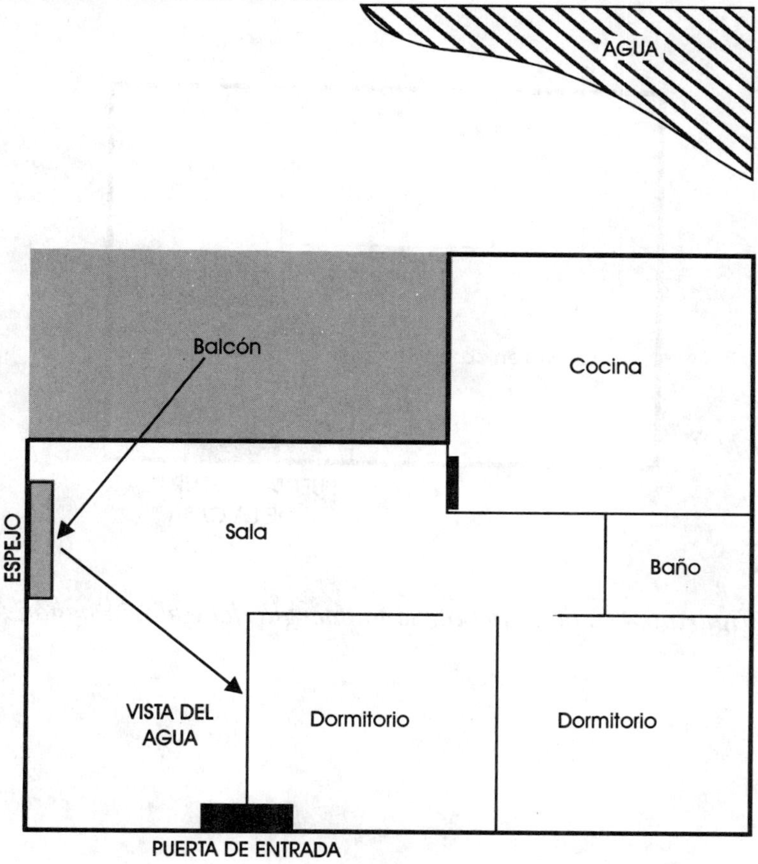

Figura 6.3 Espejo que refleja el chi del exterior

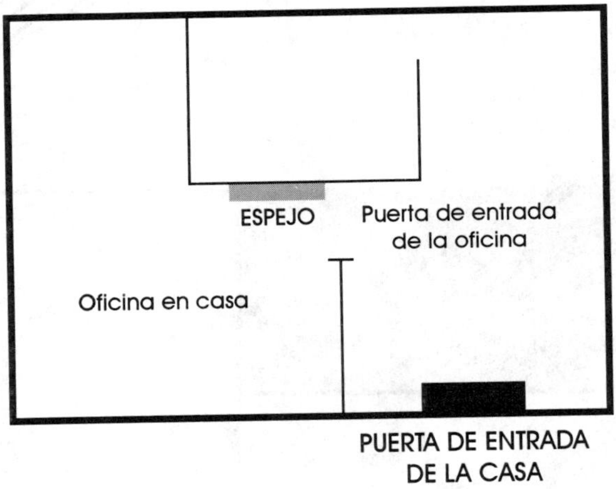

Figura 6.4 Espejo que atrae la energía del espacio negativo

Los ejemplos de la esquina del matrimonio o de las relaciones utilizados arriba se basan en la idea de equilibrar todo el contorno de una casa; los mismos principios se aplican a las habitaciones. Abajo se da un ejemplo dentro de una casa que ayuda a aclarar el concepto de las esquinas faltantes y el empleo de espejos para llenar de energía ese espacio negativo.

En el área de la sala-comedor de una casa suburbana típica que se muestra en la página anterior funciona un pequeño negocio. A la dueña le era difícil encontrar personas que la ayudaran en su negocio, de manera que se analizó la forma del espacio en que estaba instalado el negocio, y, "por coincidencia", se descubrió que faltaba toda la esquina de "los asistentes o benefactores". Se colocó un espejo en la pared y de inmediato se encontraron asistentes. El día de reapertura del negocio, una semana después, a la dueña le ofrecieron su ayuda varias personas, en tanto en que anteriormente había tenido que atender a los clientes ella sola.

Los espejos no son sólo remedios para el espacio negativo; en el siguiente capítulo se analizarán su fuerza y su utilización.

Las luces

La iluminación eléctrica también puede generar chi en las esquinas que necesitan rectificación.

Figura 6.5 Corrección de la esquina de las relaciones mediante un móvil sonoro

2. LOS SONIDOS

También el movimiento y el sonido de los móviles sonoros y de las campanas puede emplearse para generar chi. En nuestro anterior ejemplo de la "esquina del matrimonio y de las relaciones", la casa pudo encuadrarse simbólicamente mediante un móvil sonoro o una campana colocada en la esquina, como se ilustra en la figura 6.5.

Otra clienta que también trabajaba en su casa descubrió que, después de colocar un móvil sonoro en la esquina de la riqueza de su consultorio, el siguiente cliente le dio 20 dólares de propina. Ningún cliente le había dado propina antes de esta ocasión.

3. LOS SERES VIVOS

Los seres vivos, como son las plantas, las flores y los peces, generan chi, además de ser elementos decorativos muy atractivos en cualquier casa o negocio.

Las plantas

Pueden colocarse tanto adentro como afuera. En el ejemplo clásico del matrimonio y las relaciones, puede colocarse un árbol cerca de la esquina del matrimonio y de las relaciones, para completar simbólicamente el cuadro de la casa y generar chi.

Figura 6.6 Corrección de la esquina de las relaciones mediante un árbol

Las plantas y los árboles son importantes elementos de cualquier ambiente. Además de embellecer el panorama y purificar el aire, si se colocan estratégicamente pueden generar o captar chi, o desviar y frenar el chi sha. El empleo de plantas en nuestro entorno es una importante herramienta de feng shui.

Las plantas y flores de interior tienden a elevar el chi en cualquier lugar, por ejemplo, el de las esquinas desequilibradas. Las casas y oficinas acogedoras suelen tener frondosas plantas de interior que son un deleite para la vista. Son preferibles las plantas de hojas redondas, y no las de hojas agudas y picudas.

Las peceras

Cuando se emplean como correcciones de feng shui, las peceras pueden ser sumamente eficaces. El agua es un elemento que simboliza la receptividad de otras formas de energía, y los peces siempre están en movimiento, generando chi.

Es interesante observar dónde están colocadas las peceras y los acuarios en los restaurantes chinos prósperos: suelen estar colocados cerca de la caja registradora o de la puerta del frente. Se cree que el dinero es una forma de energía, y el acuario ayuda a atraer el dinero. En la figura 6.7 se muestra un ejemplo sencillo de una distribución común.

El número de peces también es importante; nunca hay cuatro peces en una pecera, ya que en chino la palabra cuatro se

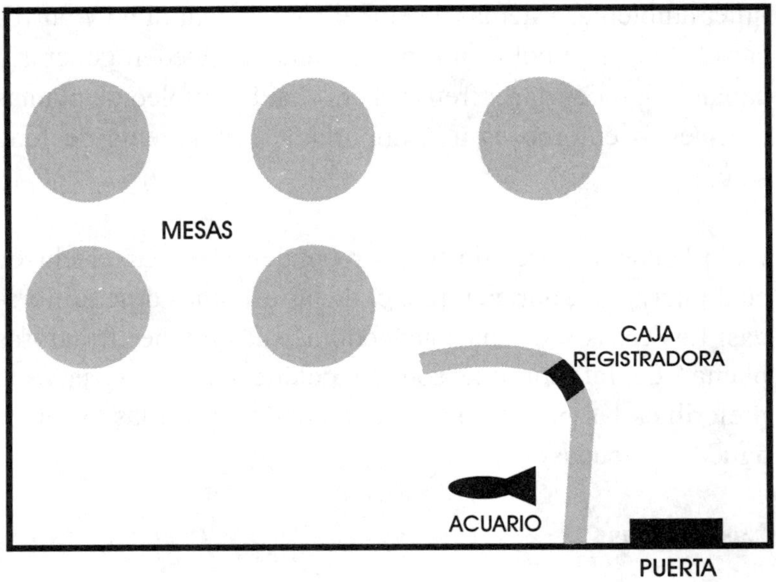

Figura 6.7 Acuario y caja registradora

parece mucho a la palabra muerte. El ocho es el número más potente, pero casi cualquier otro número es aceptable.

Hace poco, un amigo que no sabe nada de feng shui se hizo un acuario grande. Su negocio había estado tranquilo y a él le sobraba algo de tiempo. Intuitivamente llevó el acuario a su casa y lo puso en la esquina de la riqueza de toda la casa, y además también en la esquina de la riqueza de la habitación. En un lapso de dos semanas su negocio había vuelto a prosperar, y tuvo que trabajar dos turnos para satisfacer la deman-

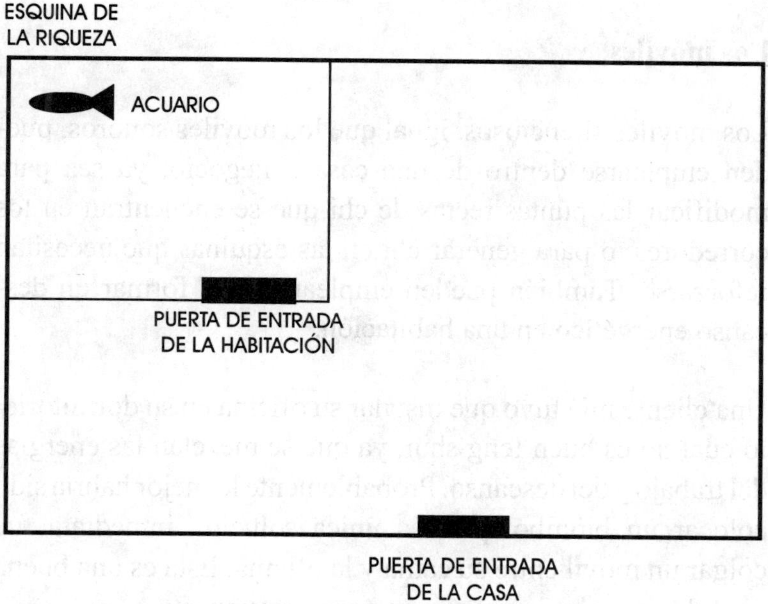

Figura 6.8 Acuario situado en la esquina de la riqueza

da. Su negocio sigue floreciendo, igual que sus pececillos. Ahora tiene tres acuarios. Un beneficio inesperado es que sus niños ven menos televisión, ya que tienen la costumbre de sentarse a observar sus acuarios, en los que nadan más de doscientos peces.

4. OBJETOS MÓVILES

Cualquier objeto que se mueva, como los móviles, las fuentes y los molinos de viento, generan chi, y también ayudan a frenarlo y a modificar el chi sha.

Los móviles

Los móviles silenciosos, igual que los móviles sonoros, pueden emplearse dentro de una casa o negocio, ya sea para modificar las puntas rectas de chi que se encuentran en los corredores, o para generar chi en las esquinas que necesitan reforzarse. También pueden emplearse para formar un descanso energético en una habitación.

Una cliente mía tuvo que instalar su oficina en su dormitorio, lo cual no es buen feng shui, ya que se mezclan las energías del trabajo y del descanso. Probablemente lo mejor habría sido colocar un biombo, pero la única solución inmediata fue colgar un móvil entre su cama y la oficina. Esta es una buena medida para alguien con muy poco presupuesto.

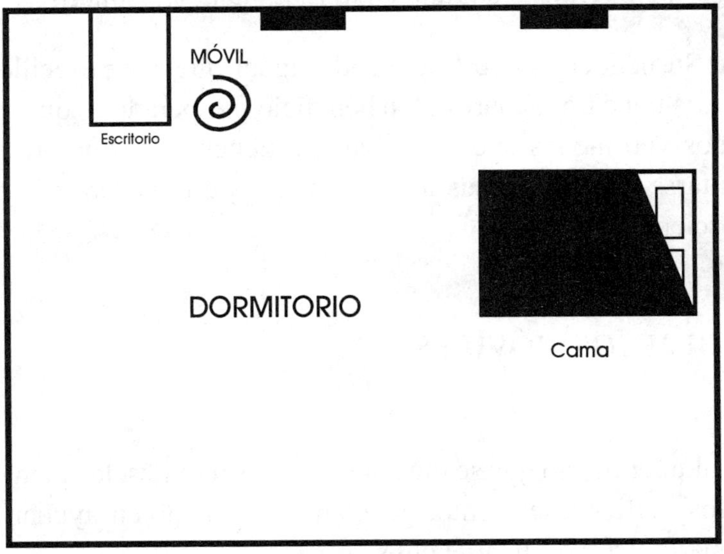

Figura 6.9 Móvil en un dormitorio

Las fuentes

Las fuentes pueden emplearse para generar chi en los espacios abiertos, los jardines y la decoración de interiores. El agua siempre es un buen símbolo de la energía que fluye, y también absorbe energía. Las fuentes pueden emplearse además para frenar y desviar el chi sha, como se vio en el Capítulo 4.

Los molinos de viento

Los molinos de viento, e incluso sus símbolos, también generan chi.

5. OBJETOS PESADOS

El empleo de piedras o estatuas, o el de cualquier objeto pesado, sirve para fijar el chi de determinado lugar de la bagua.

Por ejemplo, para estabilizar una relación, puede servir un objeto pesado que se coloque en la esquina del matrimonio de un dormitorio. Con frecuencia se colocan objetos pesados en la entrada de las casas y oficinas; se cree que enmarcan "la boca de chi" o entrada del lugar. También pueden desempeñar el papel de "protectores" cuando son leones o dragones, como los que se colocan en la entrada de los barrios chinos de las principales ciudades del mundo, y en las entradas de los restaurantes, negocios y oficinas.

Hace poco, un cliente tenía dificultades para conservar buenos empleados en su negocio, así que colocó en la esquina de las relaciones tres macetones llenos de tierra y su personal se estabilizó.

6. LOS OBJETOS ELÉCTRICOS

Los estéreos

El sonido de los radios y los estéreos genera chi, donde quiera que se coloquen. Un aspecto importante de este remedio es el tipo de música que tocan. Por ejemplo, una librería tenía pocos clientes hasta que dejaron de tocar música de "heavy metal". Otro cliente, que tenía una tienda de perfumes y cosméticos, vendió más que nunca al tocar grabaciones de Nat King Cole.

Todos somos muy sensibles a la influencia del sonido, por lo que hay que analizar cuidadosamente si se toca música, y de qué tipo, en una casa o negocio, tomando en cuenta el estado de ánimo que se desea crear.

Los ventiladores

También los ventiladores generan buen chi, ya que hacen que se desplace el aire o "viento".

Por ejemplo, un ventilador en el centro del techo atrae nuestra atención debido a su movimiento y a que genera chi. Sin embargo, los ventiladores de techo deben ser adecuados al espacio y a la altura del techo. Es más eficaz como remedio de feng shui un ventilador que se coloca en el techo de una habitación alta, que cuando se coloca en una habitación que tiene 2.4 metros de alto, que es lo que miden los techos actualmente. Nos sentimos más cómodos si el ventilador de techo está lejos de nosotros.

Este aspecto de la geomancia trae a colación los conceptos de las proporciones y el diseño de las habitaciones con base en las ideas de "geometría y arquitectura sagradas".

7. LOS OBJETOS SIMBÓLICOS

Así como el sonido de los radios y de los estereos genera chi, también los instrumentos musicales simbolizan la generación de chi. No hay que tocar el instrumento todo el tiempo; lo importante es más bien su propósito o simbolismo.

Hace poco, una de mis clientas colocó intuitivamente una guitarra en la esquina de las relaciones de su habitación, que asimismo era la esquina de las relaciones de su casa, poco después de una consulta. Tres días después de este cambio, conoció en un centro nocturno de jazz a dos señores que tocaban la guitarra, y después de esa noche siguió tratando a uno de ellos.

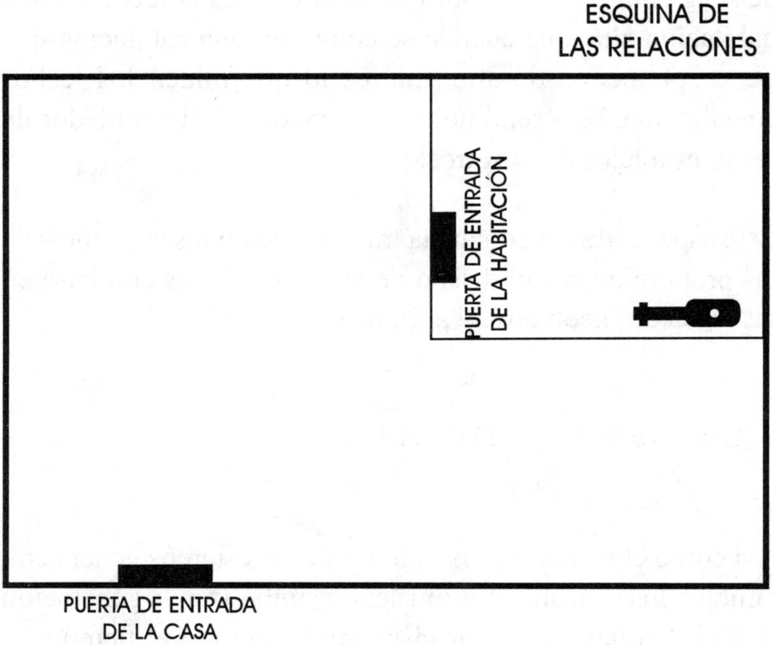

Figura 6.10 Guitarra en la esquina de las relaciones

8. LOS COLORES

El empleo de los colores es esencial en el feng shui, ya que influye en la manera en que reaccionamos a nuestro ambiente. El rojo es el color que se emplea especialmente para generar chi. Demasiado rojo en una habitación puede hacernos sentir incómodos; sin embargo, el empleo juicioso de este color puede darle más vitalidad a un negocio u hogar. Si la puerta del frente no está claramente definida, pintarla de rojo puede determinar cuál es la "boca del chi". Las paredes rojas como parte de la decoración de un restaurante pueden ayudar a elevar la energía, a fin de que los clientes coman deprisa y desocupen más rápido las mesas.

Si el barandal o el pasamanos se envuelven con una cinta roja, o si se les pinta una delgada línea de este color, se consigue que la gente suba las escaleras. En un restaurante de dos pisos, esto anima a la clientela a comer tanto arriba como abajo. Se cree que si las manijas de las puertas que chocan se envuelven con cinta roja, disminuyen los pleitos en la casa o el negocio.

Las secciones de la bagua pueden pintarse de diferentes colores (véase la Figura 5.2). Por ejemplo, la Fama y el Fuego pueden pintarse de rojo, de manera que si uno está tratando de generar más chi en la sección de la fama de la oficina, puede efectuar una corrección con rojo, o con una chimenea, o con algo que simbolice este concepto. Se puede colocar el cartel de una montaña picuda y alta que represente la forma de un fuego que arde. De la misma manera, si se fortalece el área de la profesión con un móvil sonoro, este remedio puede reforzarse todavía más con un móvil sonoro negro. La profesión también se simboliza con negro en la figura 5.2.

9. OTROS

El noveno remedio, llamado "otros", permite emplear cualquier cosa que sea apropiada en determinada cultura o situación y que genere chi, ayude a proteger el lugar, o frene el chi sha.

Como se ilustra en la figura 5.7, un tendedero para la ropa puede ser un maravilloso generador de chi; un comedero o una bañera para pájaros, que atraen el movimiento de las aves, también generan chi. En realidad, puede emplearse simbólicamente cuanto crea movimiento.

Tal vez los móviles sonoros y los cristales no combinen con la decoración del lector, pero en su lugar pueden utilizarse obras de arte y carteles seleccionados con cuidado. Por ejemplo, en la esquina del autoconocimiento puede ser bueno colocar una pintura o un cartel que simbolicen dicho autoconocimiento.

Cuando se desea entablar una relación de pareja y se ha equilibrado el espacio negativo de la esquina del matrimonio, puede ser conveniente reforzar esta esquina del dormitorio con la representación de una pareja amorosa, dos velas o dos ositos, o con cualquier objeto parecido. Estos símbolos universales de la pareja refuerzan el propósito precisamente en la habitación que es nuestro espacio privado: el dormitorio.

Esta técnica le ha dado buenos resultados a varios clientes, que a pesar de vivir en casas o departamentos "cuadrados", no lograban trabar las relaciones estables que deseaban. Una observación interesante acerca de muchas de las casas de estos clientes, y en particular de las esquinas del matrimonio, fue que con frecuencia en estas esquinas tenían símbolos de personas solas, o fotos de sus hijos o de sus padres, que bloqueaban simbólicamente la oportunidad de una relación de pareja.

Estos principios pueden aplicarse a cualquier sección de la bagua.

RESUMEN

Los nueve remedios básicos generan, fijan, desvían y absorben chi. Estos "otros" remedios abren la puerta a las aplicaciones laterales y simbólicas de estos principios de formas adecuadas a nuestra manera de vivir, a nuestra cultura y decoración.

A veces el resultado no se obtiene con un solo remedio, sino con la combinación de varios. Durante los primeros 15 días después de una consulta, en su casa, en la cual no faltaba ninguna esquina, reaparecieron dos antiguos novios de mi clienta y ella pudo resolver amistosamente asuntos importantes. Uno de ellos comentó que mi clienta había "cambiado" mucho. Además, el novio "negativo" de su hija de 24 años fue a la casa los tres días siguientes, lo que no era común y de pronto el último día salió furioso y no volvió a aparecerse. Su último comentario fue que ya no soportaba ese lugar. (Fue un alivio para la hija.) Increíblemente, la coladera de la regadera se destapó y permitió que el agua fluyera, en lugar de inundar el baño, como había sucedido durante los últimos 12 meses, a pesar del trabajo del plomero. ¿Coincidencias? Aplique estos remedios o correcciones a su casa o negocio y decida usted mismo.

Ejercicio

Analice una habitación de su casa de acuerdo con las secciones de la bagua y verifique los objetos que ha colocado en estas esquinas y qué simbolizan para usted. Haga lo que haga, no ponga en todos los rincones de su casa símbolos "adecuados"; sólo ajuste una esquina para algo que usted sienta que está faltando en su vida; luego observe los cambios que puedan resultar de este cambio.

7

Conceptos y reglas del feng shui clásico

1. DISEÑO DE INTERIORES Y DISPOSICIÓN DE LOS MUEBLES

El feng shui se conoce como "el arte de la ubicación". En el sentido más amplio, puede tratarse de la ubicación de un edificio dentro de un terreno, considerando el paisaje; o en el caso del diseño de interiores, puede tratarse de la colocación de los muebles y aditamentos dentro de la construcción. Una vez que los muebles se colocan en una disposición general que se sienta cómoda, el flujo de chi dentro del lugar puede mejorarse mediante pequeñas correcciones a la posición de los muebles, equilibrando al mismo tiempo el feng shui.

Algunos occidentales cultos practican este arte de la colocación de forma natural, normalmente tratando de "arreglar" determinada habitación o lugar para sentirse cómodos. Sin embargo, cuando un sitio está en desequilibrio geomántico, las personas cambian constantemente el emplazamiento de los muebles porque la intuición les dice que el lugar no "se siente" bien. Al aplicar los principios de feng shui mencionados en este libro puede reducirse este continuo ajetreo de muebles, ya que el lugar "se sentirá" bien.

El arte de la colocación está relacionado con la idea de que la energía o chi no debe fluir en línea recta (chi sha o chi negativo). La idea del chi sha o "dagas de energía" se plasma en la disposición que damos a los escritorios en las oficinas.

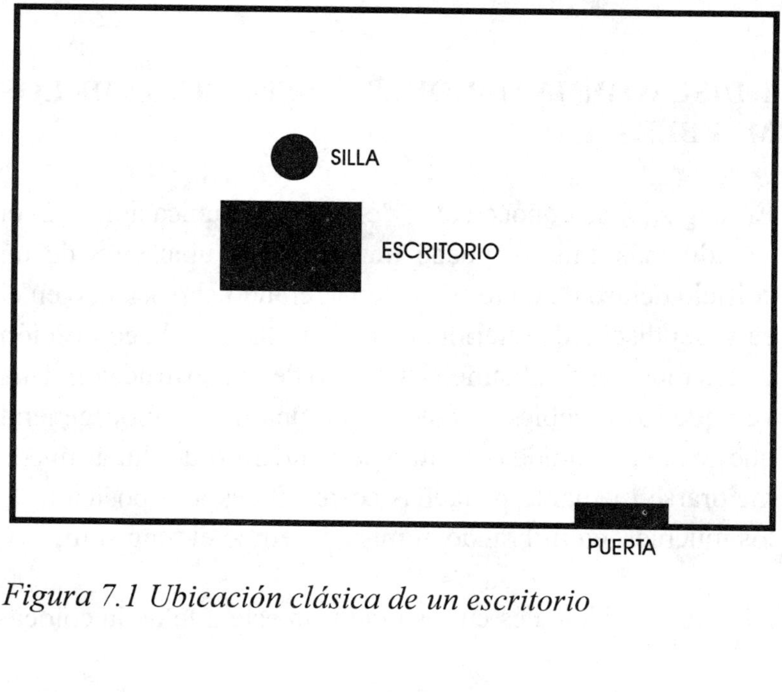

Figura 7.1 Ubicación clásica de un escritorio

En la disposición de una oficina, es importante ver la puerta de entrada desde el escritorio, de manera que a uno "no le claven por la espalda" las "flechas" o "dagas" de chi. Hace tiempo que intuitivamente colocamos los escritorios de esta manera, y ésta es una de las aplicaciones de "sentido común" del feng shui. Abajo se muestra la colocación clásica de un escritorio en una oficina. Su colocación exacta depende de muchos otros factores del diseño.

Con todo, si no es posible cambiar el escritorio de lugar y la espalda del ocupante da a la puerta de la oficina, se puede hacer la prueba de emplear un objeto "brillante" de los nueve remedios básicos y colocarlo en el escritorio, de manera que se pueda ver simbólicamente la puerta. Este objeto brillante puede ser un cristal, un espejito de bolsillo o una pintura enmarcada en un espejo. No es forzoso que la puerta se refleje en el espejo; basta el propósito de observar simbólicamente la ubicación de la puerta para que el ocupante se sienta más cómodo.

En una oficina abierta no siempre es posible ver la "puerta del frente" o protegerse la espalda, de manera que se pueden hacer ajustes para que uno se sienta más cómodo. Si quien ocupa el escritorio tiene la espalda desprotegida y la gente se le acerca desde atrás cuando está concentrado, puede "asustarse" de repente. Este "susto" puede compararse con el soñar despierto. Cuando una persona sueña despierta, su espíritu se separa de su cuerpo físico, de manera que si alguien la asusta acercándose desde atrás mientras está perdida en sus ensoñaciones, necesita unos momentos para reponerse y "aterrizar" de nuevo, dado que su cuerpo espiritual está tratando de realinearse con el cuerpo físico. Los niños suelen mostrar esta sensación de incoherencia cuando se les despierta de un sueño profundo. Sus cuerpos espiritual y físico se toman su tiempo para realinearse. Los adultos asociamos este sentimiento con la época que pasamos en la escuela. Cuando soñábamos despiertos mirando a través de la ventana y el maestro de pronto nos asustaba, necesitábamos unos momentos para volver a sentir que estábamos en la clase. La filosofía china y el feng shui explican el funcionamiento de estos sentimientos y por qué deseamos tener la espalda protegida.

Esta idea se refiere a los conceptos analizados en el capítulo 4. En el diagrama clásico del panorama exterior (Figura 4.2), la casa o tumba está protegida por la montaña del fondo y por los dos cerros que hay a sus lados. Los mismos principios pueden aplicarse en muchas otras situaciones.

Otro aspecto del diseño de oficinas que también hay que tomar en cuenta es el de los requisitos personales de cualquiera de sus ocupantes. Siempre es mejor para cualquiera darle un toque personal a su oficina, disponiendo los muebles a su gusto y decorándola como le agrade y le haga sentirse cómodo. En general, la gente produce más cuando puede disponer los muebles en el espacio de su oficina como convenga a su manera personal de trabajar. Además, debe poner su impronta en este espacio con los carteles, pinturas, plantas, certificados y colores que le hagan sentirse a gusto.

La disposición de estos elementos también debe destacar los

principios de feng shui que convengan a la idea que las personas tengan de la fama, su profesión, etcétera. Repetimos que no hay que recalcar cada una de las secciones de la bagua, sino más bien destacar una o dos con objetos que le agraden al ocupante y que simbolicen adecuadamente la bagua. Muchas veces un buen diseño constituye una buena base a la que se da un toque personal mediante la decoración.

Una vez que se decide la ubicación general de los muebles, dejando las espaldas protegidas y produciendo una sensación acogedora, pueden reacomodarse ligeramente, lo que a veces significa moverlos sólo unos cuantos centímetros. Estos reacomodos suelen basarse en la intuición y la experiencia.

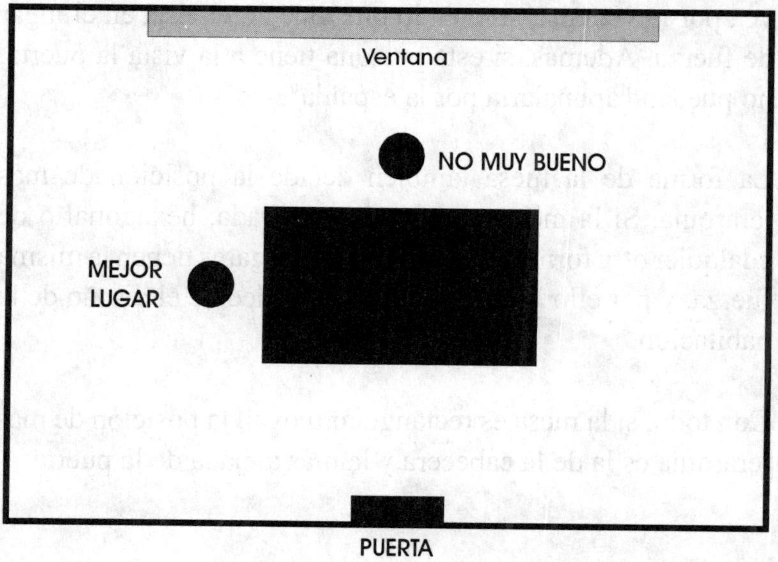

Figura 7.2 Lugares en la sala de juntas

Posiciones de fuerza en salas de juntas y comedores

La premisa de conservar la posición de más fuerza para dominar también se ve claramente en la mesa de la sala de juntas de la oficina o en la mesa del comedor de la casa. Generalmente la posición de más fuerza es la de la cabecera, en el lugar más alejado de la puerta.

Hay otros factores del diseño de una habitación que también influyen en las posiciones de fuerza de la habitación. También en este caso se trata de proteger la espalda y tener a la vista la puerta. Quien desee la posición de más jerarquía, no debe sentarse de espaldas a la ventana, sino junto a una pared. Cuando hable, la gente no pondrá su atención en lo que vea por la ventana, sino en lo que dice quien está en el lugar de fuerza. Además, si esta persona tiene a la vista la puerta, no pueden "apuñalarla por la espalda".

La forma de la mesa también decide la posición de más jerarquía. Si la mesa es redonda, cuadrada, hexagonal o de cualquier otra forma regular, todos los lugares tienen la misma fuerza, y por ello la mayor jerarquía la decide el diseño de la habitación.

Con todo, si la mesa es rectangular u oval, la posición de más jerarquía es la de la cabecera y la más alejada de la puerta.

Disposición de los comedores

Los lugares que ocupamos en la mesa influyen en la dinámica de los alimentos de la familia y en las funciones de poder del hogar.

En una casa en la que domina el hombre, éste se sienta a la cabecera. Con todo, deben observarse todos los factores acabados de mencionar para la sala de juntas. La vida cambia tanto que no siempre es lógico aplicar las reglas que se basan en ideas viejas. Antes de aplicar ciegamente una "regla" de feng shui, hay que analizar la situación real.

Esta es una sugerencia interesante sobre la repartición de los asientos en la mesa. Cuando los adolescentes empiezan a rebelarse ante sus padres y la autoridad, hay que sentarlos en los lugares de fuerza, propiciar que hablen con sus padres y pedirles que mastiquen despacio.

De la misma manera, en una recepción puede ser bueno colocar a un invitado dominante y ruidoso de espaldas a la puerta, y a un invitado callado e introvertido en la posición de fuerza. Con esto se equilibra tanto el chi en la mesa como la gente y sus energías.

El comedor es la habitación en la cual tomamos nuestros alimentos y adquirimos chi para mantener el flujo de energía en nuestros cuerpos. Si la energía de esta habitación es agradable, la comida se absorbe y digiere sin tensiones.

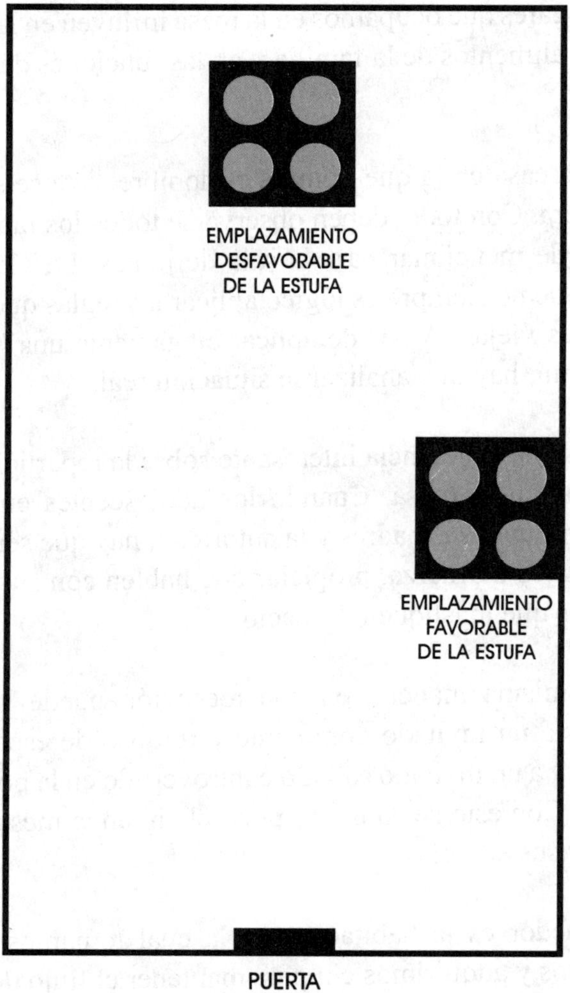

Figura 7.3 Ubicación de la estufa de la cocina

La relación entre los alimentos que comemos y nuestro chi es especialmente notable en la disposición de la cocina. Las hornillas y la estufa deben colocarse donde se pueda ver la puerta de la cocina, para que uno se sienta seguro al cocinar.

Si uno está molesto, enojado o irritado cuando cocina, entonces transfiere a los alimentos su chi alterado, lo que no es bueno para quienes comen esos platillos. Cuando uno cocina debe relajarse, para que el chi o energía que se transfieren a la comida sea bueno.

¿Qué se debe hacer cuando la estufa u hornilla no se puede colocar como se indica en el diagrama anterior? Hay que recordar los nueve remedios básicos.

Si se coloca un objeto simbólico brillante o lustroso cerca del fuego, se puede ver la puerta "principal" de la cocina. Puede que no sea conveniente colocar un espejo sobre la estufa, pero sí un cacharro reluciente o un cristal de feng shui, o cualquier otro objeto que permita ver simbólicamente la puerta desde donde uno cocina.

Ubicación de las camas

Otra aplicación clásica de estos principios es la ubicación de las camas en el dormitorio. El mejor lugar para una cama es donde se puede ver claramente la puerta del dormitorio, como se indica en los siguientes diagramas.

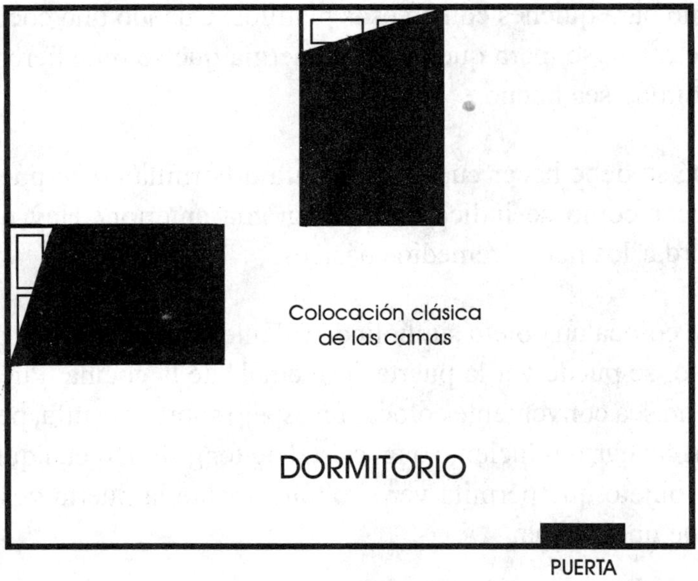

Figura 7.4 Ubicaciones clásicas de la cama

Es importante observar que la única posición en que no debe colocarse la cama es frente a la puerta, pues en el feng shui este lugar se conoce como "el lugar del ataúd". Según el feng shui, la gente no duerme bien en esta ubicación. Es interesante que muchas culturas nativas valoran igual este lugar, ya que en él colocan los cuerpos de la gente cuando acaba de morir.

2. EL BAÑO EN LA ESQUINA DE LA RIQUEZA

La gente confirma una de las reglas clásicas del feng shui cuando me consulta así como durante mis conferencias, y es la de que cuando el baño está en la esquina de la riqueza de la casa o del negocio, uno suele tener problemas financieros y de abundancia. Representa el hecho simbólico de dejar que la riqueza o el chi se escapen por el caño.

Figura 7.5 Baño en la esquina de la riqueza

Las correcciones clásicas para esta situación son:

1.Colocar un cristal en la ventana del baño para atraer la energía universal.

2. Mantener cerrada la tapa del excusado.

3. Mantener cerrada la puerta del excusado.

4. Colocar arriba o en la puerta un espejo de bagua, mirando hacia afuera del baño, para separar la energía de este lugar del resto de la casa o del negocio.

Este principio puede aplicarse a otros aspectos del lugar en que vivimos. Por ejemplo, si se junta toda la basura en la esquina de la riqueza del predio, se puede provocar el efecto de bloquear el flujo de chi de esta área. De la misma manera, cuando el recipiente para la basura está en la esquina de la riqueza de la cocina, puede simbolizar que el chi se escapa, lo que puede reflejarse en la riqueza.

La regla clásica para la ubicación del tocador o baño sólo se aplica a la esquina de la riqueza. El baño y el tocador pueden estar en cualquiera de las demás secciones de la bagua, y por lo general no tienen ningún efecto negativo en la vida o el chi.

Sin embargo, en cualquier consulta o análisis de un lugar, es importante ponderar lo que sucede en lo que a la energía respecta. A veces puede ser necesario efectuar rectificaciones en un baño que esté situado en la esquina del matrimonio y de las relaciones de una casa, si a los ocupantes de la casa les interesa mejorar sus relaciones y todos los demás aspectos del feng shui están equilibrados. Esto no quiere decir que primero haya que decidir la ubicación del baño, sino más bien que su ubicación puede tener una influencia secundaria en el chi de un lugar, y uno sabe intuitivamente que necesita equilibrarse de nuevo. También en este caso hay que aplicar intuitivamente todos estos principios. La combinación de circunstancias es infinita, y el lugar que está equilibrado energéticamente para una persona puede no estarlo para otra que tenga una energía diferente y diferente actitud frente a la vida.

3. LA PUERTA PRINCIPAL Y LA PUERTA TRASERA

La siguiente regla clásica del feng shui que afecta a muchas personas es la de la puerta del frente o principal y la puerta trasera. Si uno puede ver la puerta trasera cuando está parado en la "puerta del frente", es que el chi fluye por la casa con demasiada prisa, a menos que se coloquen en el camino elementos que lo detengan. Las personas que no detienen el flujo de chi en estos casos suelen experimentar que todo sale de su vida. Parece que no pueden retener nada: ni la riqueza, ni las relaciones, ni los empleos.

La manera tradicional de modificar y frenar el flujo de chi consiste en colocar un móvil sonoro a la mitad del camino, para que detenga y "curve" el chi, en lugar de que éste funcione como una punta de chi sha (chi negativo).

Lo importante de esta idea es que la regla puede aplicarse en

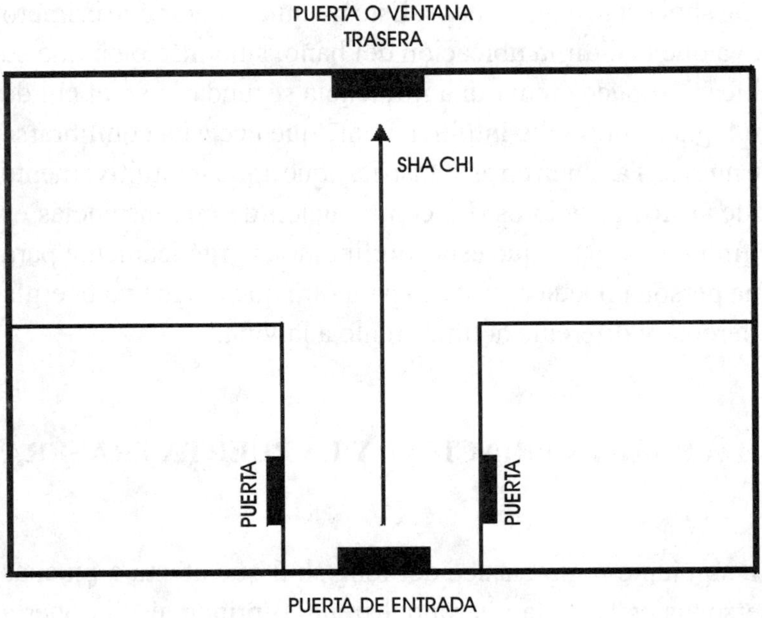

Figura 7.6 Regla de las puertas del frente y trasera

muchas situaciones, no sólo en el caso de la puerta física de entrada y de la puerta trasera. También se aplica cuando desde la puerta del frente puede verse un ventanal que va del piso al techo en la pared del fondo de la casa.

También puede aplicarse respecto de la manera en que una casa está ubicada en un terreno. Si el chi pasa de largo por la puerta del frente, como se indica en la Figura 5.4, puede ser necesario un remedio cerca de esa puerta para recoger chi.

Hay una infinidad de ejemplos de esta situación, y aunque el feng shui proporciona maravillosos ejemplos y reglas, para observar y ajustar cualquier lugar hay que ponderar los problemas y sus correcciones de acuerdo con la situación del momento.

4. ESCALERAS QUE DAN A LA PUERTA PRINCIPAL

Otra situación que hace que las cosas escapen de la vida de las personas es cuando las escaleras de la casa o el negocio dan a la puerta del frente. Es como si todo se escurriera sin poder detenerse. Entre las correcciones que pueden aplicarse se incluyen plantas, móviles sonoros, candeleros, un espejo que dé a las escaleras, y muebles. Cuando estas correcciones se colocan entre la puerta del frente y el pie de la escalera, frenan el chi y eliminan los efectos del sha.

5. LOS ESPEJOS

En el capítulo anterior se destacó la importancia de los espejos, dado que equilibran las áreas que tienen espacios negativos. La fuerza de los espejos no debe menospreciarse. Mucha gente no puede pasar frente a un espejo sin mirarlo. No importa si es por vanidad o por la cualidad reflejante de los espejos, el caso es que reaccionamos ante ellos.El modo en que lo hacemos puede explicarse mediante los siguientes ejemplos del empleo de los espejos.

Los espejos de la puerta principal

También pueden utilizarse para repeler la energía de un lugar, protegiéndolo. En el diseño de interiores occidentales es común poner un espejo grande cerca de la puerta del frente, dando hacia ella, para proteger intuitivamente la "boca del chi". En Asia es más común poner un espejo de bagua sobre la puerta del frente, para alejar los malos espíritus.

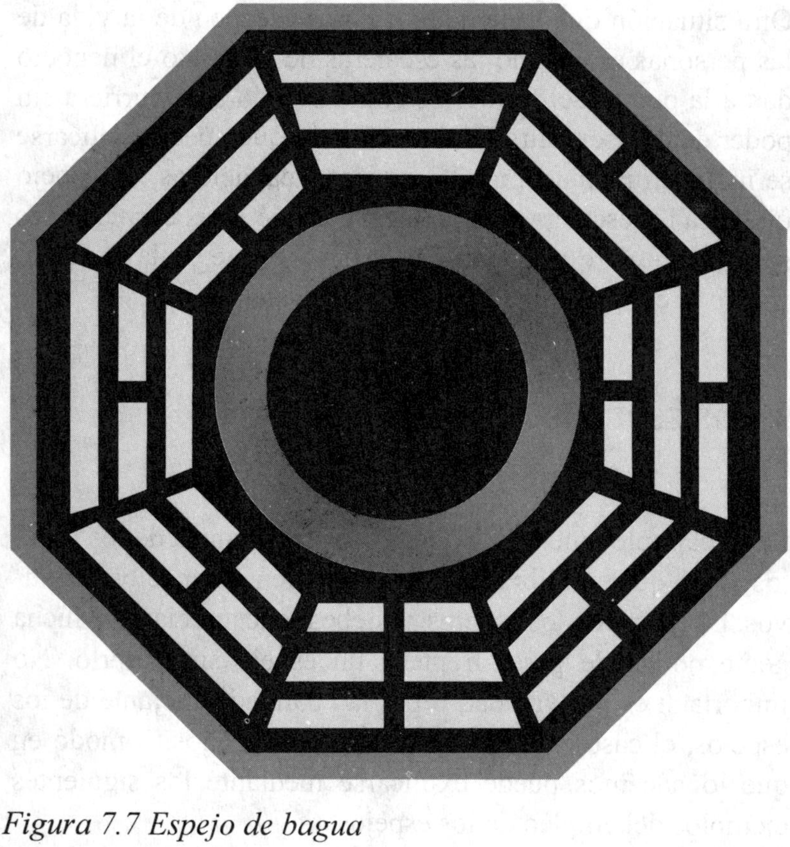

Figura 7.7 Espejo de bagua

¿Qué sucede cuando no se puede colocar un espejo de bagua o un espejo común y corriente cerca de la puerta del frente, ya sea porque estas soluciones no nos atraen, porque no son de nuestro gusto, o porque no son adecuadas donde vivimos? Por ejemplo, puede que uno viva en una casa de determinado estilo arquitectónico. Hay que repasar los fundamentos del feng shui y comprender que lo que la casa o el negocio necesitan es una protección simbólica cerca de la puerta. ¿Por qué no colocar algo reflejante cerca de la puerta del frente, que combine con la decoración? Una aldaba de latón puede ser más apropiada en la puerta del frente de una casa de determinado estilo, o bien una pintura reflejante, o cualquier otro símbolo cultural de protección que convenga a nuestra idea del mundo exterior.

Vecinos ruidosos

Los espejos son ideales para regresar un reflejo al lugar donde se originó el chi perturbador, y a veces los resultados son sorprendentes.

Algunos de mis clientes han logrado regresar las "vibraciones" negativas y el ruido de los vecinos de al lado o el ladrido de sus perros al colocar espejos que reflejan a estas personas y a sus casas. Puede que la solución del espejo no resulte bien en todos los casos; sin embargo, la gente ha observado que cambia las costumbres ruidosas de los vecinos, algo que no se puede explicar mediante la lógica. Muchas veces sólo colocan un espejo pequeño orientado hacia los vecinos, que ajusta el flujo de chi o energía en forma de ruido. Vale la pena hacer este experimento para ver si resuelve un problema de ruido. También puede ser conveniente instalar un espejo convexo que disperse el chi negativo, en lugar de reflejarlo.

Los espejos de los armarios y de las paredes

En muchas casas y departamentos modernos hay series de espejos de cuerpo completo en las paredes, especialmente en las puertas de los armarios para la ropa. Esto se ve fabuloso durante el día, ya que se produce una maravillosa sensación de espacio en las habitaciones. Sin embargo, desde el punto de vista de la energía, generan gran cantidad de chi, lo que puede no ser conveniente o deseable en una habitación cuando uno trata de apaciguarse y dormir.

Desde la perspectiva del feng shui tradicional, cuando nos retiramos para dormir por la noche nuestro cuerpo físico necesita descansar, en tanto que nuestro cuerpo espiritual sueña o hace viajes astrales. Pero si hay un espejo en el extremo de la cama, cuando el cuerpo espiritual deja el cuerpo físico ve su propio reflejo en el espejo y se asusta, y puede regresar de inmediato al cuerpo físico, que así no descansa bien por las noches. Ya sea que nuestras creencias acepten o no esta explicación, muchas de las personas que duermen mal o que se levantan tarde tienen espejos frente a su cama, o tienen su habitación llena de espejos o de armarios con espejos. Muchas nos informan que su energía y su sueño mejoran cuando cubren los espejos o los sacan del dormitorio. De manera que si usted no duerme bien y tiene espejos en su dormitorio, cúbralos para ver si nota algún cambio. Aunque ninguno de estos remedios del feng shui puede garantizarse por completo, en la mayoría de los casos la gente observa algunos beneficios.

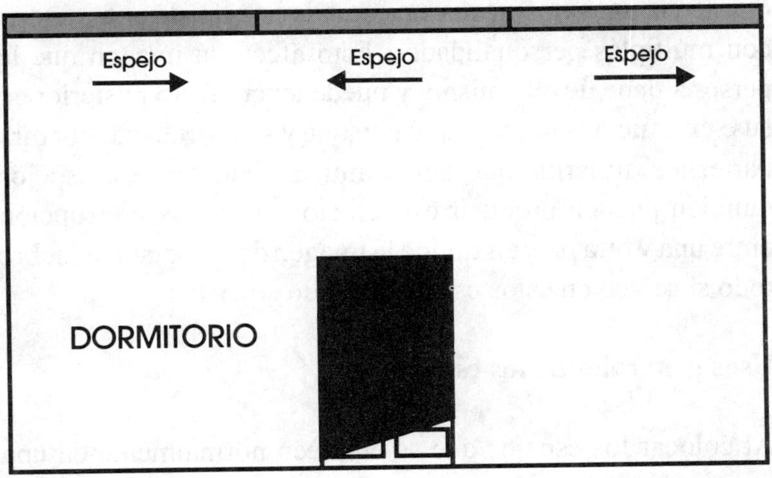

Figura 7.8 Armarios con espejos

Si usted viaja con frecuencia y no duerme bien fuera de su casa, la próxima vez que se encuentre en la habitación de un hotel, fíjese si el espejo se encuentra frente a la piecera de la cama. De ser así, cúbralo o cambie de lugar la cama, y vea si duerme mejor. (En el Apéndice B se habla de otras energías, como la electricidad, que también pueden alterar el sueño.) Recuerde que el feng shui puede aplicarse a cualquier situación en que uno se encuentre.

Azulejos de espejo

En los últimos años se han empleado para el feng shui azulejos de espejo. Lo malo es que al ponerlos en las paredes dividen el chi o energía de la persona que se mira en ellos, y por ende dividen la imagen, que es casi como la imagen de una persona con múltiples personalidades. Esto afecta la imagen que la persona tiene de ella misma y puede tener efecto posterior en sus sentimientos acerca de su persona y su apariencia. Por otra parte, los armarios que tienen muchas puertas con espejos también pueden producir este efecto, ya que la interrupción entre una y otra puertas divide la imagen de las personas, sobre todo si se ven en estos espejos cuando se visten.

Usos generales de los espejos

Al colocar los espejos que se empleen normalmente en una casa, es importante que uno vea completa su imagen en él, y no partida. De manera que el espejo del baño debe ser de cuerpo entero y colocarse de tal manera que todas las personas, desde la menor hasta la más alta, puedan verse completas en él, o por lo menos todo el rostro, sin tener que adoptar una posición incómoda.

Dadas las diversas aplicaciones de los espejos antes estudiadas, es claro que su empleo y colocación en cualquier lugar debe analizarse detenidamente. Los espejos pueden tener un gran impacto en el flujo de chi del lugar y en el de las personas que ahí habiten, por lo que deben usarse con prudencia.

6. LAS VIGAS

Con las vigas se puede crear un chi cortante que afecte a las personas que pasan cierto tiempo bajo la viga; o bien la viga puede funcionar como una barrera que detenga el flujo de chi de ese lugar. Puede saberse si una viga en particular está causando chi cortante o bloqueando el flujo de chi, empleando una vara o péndulo (véase el Apéndice D). Por lo general, el impacto de la viga depende de la altura del techo y del tamaño de la viga.

Una viga que pasa por la abertura que hay entre dos habitaciones puede interrumpir el flujo de chi. El remedio tradicional para esto consiste en colgar boca abajo una flauta de bambú o de carrizo en un ángulo de 45 grados, en cada esquina que la viga forme con la pared adyacente.

No es conveniente colgar estas flautas en todas las decoraciones, así que hay que ser flexibles al aplicar estos principios. Puede ser bueno colgar otros remedios básicos, como cristales, móviles silenciosos o sonoros, campanas o cascabeles. También puede colgarse de la viga una cesta con flores o una planta. En el análisis de un hotel de la ciudad, había una serie de vigas que impedían que la energía entrara a una sala que era como un club nocturno, de manera que se colocaron luces hacia abajo a uno y otro lados de las vigas; entonces el chi pudo fluir fácilmente por el lugar.

En las casas y oficinas de ciertos estilos se dejan las vigas al desnudo para dar una impresión rústica. Esto en general no constituye un problema cuando el techo es alto, ya que disminuye al máximo el efecto del chi cortante. Cuanto más lejos de la gente se colocan las vigas, más se desvanece este tipo de chi. Sin embargo, el efecto puede verificarse rápidamente con una vara.

En algunas habitaciones, sobre todo en las de la planta baja de las casas de dos pisos, si los techos son bajos y planos y hay varias vigas expuestas, estas vigas pueden provocar todo tipo de problemas. Si la gente pasa mucho tiempo en estas habitaciones, el chi cortante puede hacer que se sienta a disgusto, y si las camas se colocan debajo de las vigas expuestas, a la larga puede provocarle problemas físicos. La única solución práctica para este caso es cubrir las vigas con una capa gruesa de yeso o colgar sobre las vigas lona o sábanas de algodón, especialmente si allí la gente duerme o trabaja en un escritorio. Muchas veces quienes permanecen en estas áreas no pueden estar en el mismo lugar durante mucho tiempo, o no duermen bien. Si usted lo ha intentado todo sin resultado, puede que las vigas sean la causa del problema; ponga a prueba alguna de estas soluciones y vea si se obtiene alguna mejoría.

Otro caso es el de las casas con techos de dos aguas en forma de A, que tienen las vigas expuestas. Si se coloca la cama cerca de donde el techo también es pared, las vigas pueden afectar la salud de quien duerma en esa cama. Uno de mis clientes padecía dolores estomacales siempre que dormía en su cama. Cuando la separamos del techo-pared de su casa, sus dolores desaparecieron.

El feng shui también aconseja que la cama matrimonial nunca se coloque de manera que alguna viga envíe chi cortante hacia el centro de ésta, ya que esto tiende a "separar al matrimonio".

7. LAS PUERTAS

Las puertas se consideran la entrada del chi a cualquier lugar. El chi de un edificio, una casa y una habitación entra por las puertas y, en menor medida, por las ventanas. Si las puertas son demasiado pequeñas, no entra todo el chi necesario; y al contrario, si una puerta es demasiado grande, entra demasiado chi. Que una puerta sea demasiado grande o demasiado pequeña depende del empleo del espacio adonde conduce la puerta y de las proporciones del muro exterior en el cual está ubicada la puerta. De la misma manera, la puerta principal de un edificio normalmente es más grande que las puertas interiores.

Si hay demasiadas puertas a lo largo de un pasillo, el flujo de chi puede alterarse y mezclarse. Si las puertas no quedan una frente a otra, entonces la "vista" también puede dividirse en una vista larga y otra corta cuando uno sale de la habitación y entra al pasillo. Otra regla general sobre las puertas es que cuando chocan los dos pomos pueden ocasionarse discusiones en la casa. Esto se corrige envolviendo las manijas con un poco de cinta roja.

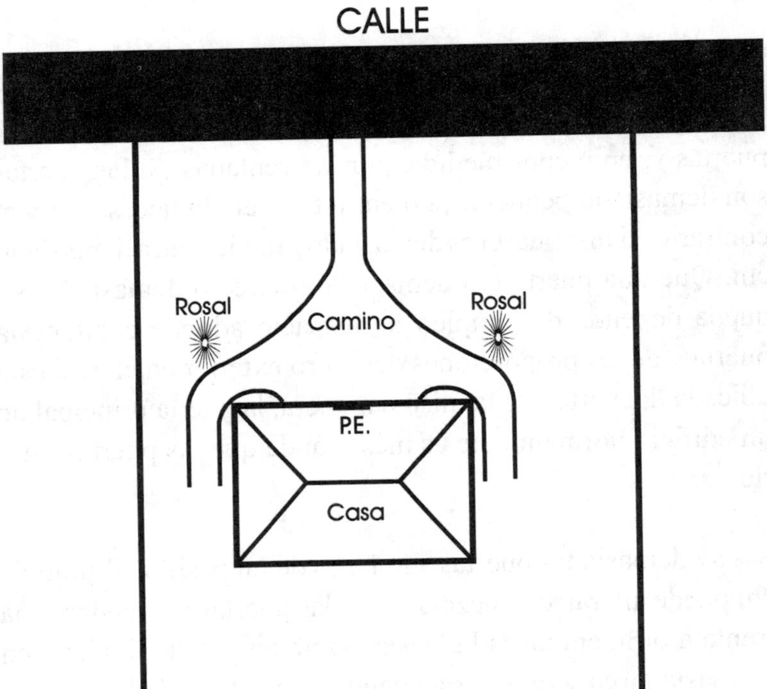

Figura 7.9 Rosales en los senderos del frente

8. EL PANORAMA Y LAS PLANTAS

En el capítulo sobre los nueve remedios básicos se explicó el valor de las plantas y del panorama en términos generales. Sin embargo, probablemente el aspecto más importante que hay que considerar cuando se eligen plantas o árboles es su silueta y la forma de sus hojas.

En la disposición ilustrada en la página de enfrente puede verse cómo el dueño de la casa impidió intuitivamente que la gente se dirigiera a la parte trasera de su casa colocando rosales en los senderos laterales. Todo mundo toca siempre a la puerta del frente.

Otro aspecto de las plantas que es más positivo desde la perspectiva del feng shui tradicional es cuando tienen las hojas redondas. La forma de las plantas y de los árboles también es importante porque los árboles altos y delgados, como la torre de una iglesia, introducen el elemento de fuego y generan demasiado chi.

9. LOS REMEDIOS EXISTENTES Y SUS EFECTOS

Al evaluar cualquier lugar es importante considerar todos los remedios existentes y su efecto en el flujo del chi. Puede que intuitivamente se corrija el chi en los lugares adecuados, pero también es importante sopesar el impacto que tienen en una casa u oficina los móviles sonoros, los cristales, las pinturas, los carteles, los muebles, y otros remedios. Desde luego, uno puede decidir que reacomodando ligeramente estos elementos el flujo de chi mejorará lo necesario, y quizá no tenga caso efectuar otras correcciones durante la primera revisión.

RESUMEN

Es probable que estos conceptos y reglas se comprendan fácilmente en la mayoría de las situaciones. Con todo, antes de efectuar cualquier corrección siempre es importante estudiar el flujo de chi, sus barreras, el simbolismo y lo que la gente desea en realidad de ese lugar. Como todo lo demás, estas reglas son sólo orientaciones generales, y como siempre, todas las reglas tienen sus excepciones. A fin de cuentas, debemos confiar en la intuición y aplicar las reglas como convenga a la decoración de nuestra casa u oficina.

Hay que tener presente que la aplicación del feng shui debe considerarse como un amplio experimento personal para observar los cambios que ocurren en nuestra vida, y no esperar siempre resultados instantáneos. Los ajustes deben hacerse poco a poco, observando el impacto que tienen en la casa. Cada lugar es diferente, y la forma en que uno aplique los cambios debe concordar con sus ideas y su intuición para que el lugar resulte acogedor. A veces basta una corrección sencilla para lograr una gran diferencia en nuestra vida.

Ejercicio

Revise uno por uno los conceptos de este Capítulo y analícelos en el lugar en que está viviendo, en un lugar en el que haya vivido antes, o en la casa de algún amigo, y vea si en su vida o en la vida de sus amigos surgen patrones de feng shui.

8

El desorden, la energía y el mantenimiento

EL DESORDEN

El desorden ocupa un lugar importante en el feng shui, ya que perturba siempre el flujo de chi. Esta falta de orden se refiere específicamente a la acumulación de objetos que han dejado de ser útiles para nosotros y que tendemos a guardar para cuando hagan falta. Por desgracia, la acumulación de estas posesiones materiales interrumpe el flujo de chi en la casa, el trabajo, y la vida en general.

El lector no tiene más que pensar en la última vez que se mudó de casa (y primero que nada se deshizo de la basura) o cuando hizo la última limpieza general, para recordar el sentimiento de liberación y la ligereza que acompaña a una buena limpieza.

Un buen ejemplo de este tipo de desorden son las ropas que no usamos desde hace tres años o más, pero que guardamos por si vuelven a ponerse de moda (lo que no es probable y, si sucediera, no nos quedarían). Estas ropas no hacen más que ocupar un lugar innecesario en nuestra vida y dirigir nuestros pensamientos al pasado, en vez de enfocarlos en el presente o el futuro. Necesitamos vivir con esperanza, no con temor. Quienes viven temerosos se atoran en el pasado y tienen dificultades para planear el futuro. Al eliminar todos los cachivaches y hacer una limpieza anual a fondo, eliminando cuanto ya no hace falta en nuestras vidas, nos liberamos de posesiones que pueden habernos estorbado tanto simbólica como prácticamente.

Una de las cosas importantes que hay que recordar es que la "fecha de caducidad" para el mismo objeto puede ser diferente para distintas personas, y que la necesidad de hacer esta limpieza de cachivaches debe efectuarse en el momento y con la profundidad que convengan a cada persona. Esta limpieza forma parte de un proceso continuo de evaluación de lo que es importante para cada quien. De manera que, si el lector siente que su vida está atorada, eche una mirada a las cosas que le rodean. ¿Qué está limitando su crecimiento? ¿Qué es lo que de verdad ya no necesita? El mero acto de deshacerse de todas las cosas inútiles puede tener un gran efecto en su bienestar.

El impacto de este tipo de desorden se siente cuando nos cambiamos de casa. Le regalamos todo lo que nos sobra a la tienda de caridad (pues lo que para una persona es basura, para otra es un tesoro, y así lo más conveniente es donar nuestros cachivaches) y tiramos todas latas a medias de pintura. Al trasladarnos a nuestra nueva casa nos sentimos liberados, no sólo por la mudanza a un lugar nuevo, sino por habernos quitado de encima todo el peso de las cosas caducas.

Sin embargo, no es necesario que cambiemos de casa con frecuencia. Basta con que seamos honrados con nosotros mismos acerca de cuáles de nuestras posesiones materiales son importantes. No se trata de limitarnos a lo mínimo, sino más bien de conservar sólo las cosas que nos traen buenos recuerdos, las que usamos casi todo el tiempo y las que necesitaremos más o menos durante el siguiente año. Lo más probable es que todo lo demás sean cachivaches. Podemos hacernos una pregunta sencilla respecto de cada objeto: "¿He usado esto en los últimos 12 meses y es probable que vuelva a usarlo en los siguientes 12 meses?" O bien "Si dentro de un mes me mudara de casa o de oficina ¿me importaría tanto este objeto como para pagar por su mudanza?"

EL PUNTO DE VISTA ENERGÉTICO

Algunos objetos están impregnados del recuerdo de los tiempos y lugares en que han estado, y emiten esa energía en donde se encuentren. Si la energía que irradian es negativa, pueden tener un efecto deprimente en nuestras vidas. Hay que tener la precaución de reconocer la influencia que los objetos pueden tener en nuestra vida.

Así como muchos objetos nos traen gratos recuerdos, debemos darnos cuenta de si un objeto nos despierta recuerdos o sentimientos negativos, y que por lo tanto sale sobrando en nuestra vida. De estos objetos debemos desprendernos primero. En estos casos hay que hacerle caso a la intuición. Si algo hace que uno se sienta incómodo, hay que aceptar ese sentimiento y eliminar de nuestro entorno el objeto perturbador y ver si con el tiempo cambia la atmósfera de la casa o el negocio.

A veces surgen ejemplos de esto en mis consultas, cuando los objetos que la gente recibe tienen una influencia impresionante en su vida. En uno de estos casos, una mujer que tenía problemas en su matrimonio de pronto se dio cuenta, durante una consulta, de que el edredón que le había dado su suegra como regalo de bodas estaba afectando la relación que tenía con su esposo. Aunque este regalo le había disgustado intuitivamente, la señora no había relacionado esta reacción y los problemas que surgieron entre ella y su esposo con su suegra, de la que decían que era manipuladora: era como si siempre se metiera a la cama con ellos. La relación de esta señora con su esposo mejoró poco después de que ella eliminó el estorbo energético y lo sustituyó con algo que representaba su propia energía: un edredón nuevo.

No hay que exhibir objetos que nos hagan sentirnos incómodos sólo para que los vean nuestros amigos, nuestra tía o nuestra suegra cuando vengan de visita a la casa. Hay que venderlos, intercambiarlos o regalarlos, y dar cualquier pretexto a quien nos los haya dado. Al final, uno es quien pasa mucho tiempo en su casa y necesita estar rodeado de objetos positivos que lo hagan sentirse a gusto, no de cosas negativas que nos priven de energía o nos hagan sentir incomodidad.

También hay que ponderar los objetos que hemos comprado. ¿Hemos comprado ropa, artesanías o muebles usados? Detengámonos a reflexionar sobre las energías de que puede estar cargado cualquier objeto.

Un ejemplo clásico de este problema fue el de una cliente muy bien parecida que se compró un armario usado que tenía en la puerta un espejo de cuerpo entero. Siempre que se contemplaba en él se sentía mal, pero pensaba que era cosa suya. Intuimos que el armario había pertenecido a una anciana que había visto cómo desaparecía su belleza ante sus propios ojos: había llenado el espejo de la idea negativa de su imagen a lo largo de los años, de manera que mi clienta presentía esta energía negativa cada vez que se miraba en el espejo. Unas semanas después de la consulta, la cliente se sintió mejor consigo misma y muchas de sus amistades le comentaron que se veía muy bien.

Si intuye que algo le envía mensajes dobles, pondere si la energía que está más allá de su apariencia física puede estarle causando problemas.

MANTENIMIENTO

Para el feng shui, la falta de mantenimiento de nuestro entorno físico también forma parte del desorden. Cuando la gente vive en una casa deteriorada, a la que se le cae la pintura y que está llena de objetos inservibles, todo esto tiene una gran influencia en su chi y en su capacidad para gozar de la vida. Muchas personas no viven en esta situación exagerada, si bien pueden estar rodeadas de objetos que necesiten reparación.

A veces al dar el mantenimiento más sencillo a la casa se marca una gran diferencia en nuestro sentimiento respecto a dicho lugar. Un ejemplo sencillo de este principio es el de los focos. Si en varias partes de la casa hay focos descompuestos, puede que estén en un área de la bagua que refleje simbólicamente un problema de un aspecto de nuestra vida. De la misma manera, al limpiar las ventanas de la casa puede "aclararse nuestra visión del mundo".

Si una casa tiene humedad, moho o goteras, la ubicación de estos problemas puede representar simbólicamente las áreas de la vida del dueño que carecen de equilibrio, según la disposición de la bagua. A veces una grieta en el cristal de una ventana o de un espejo situado en la esquina del matrimonio simboliza problemas de relaciones. Esto no quiere decir que todos los que tengan espejos o ventanas cuarteados tengan problemas de relaciones, económicos o de otra índole. Sin embargo, ésta es otra área del simbolismo que representa el feng shui en el mundo material, y hay que tomarla en cuenta cuando se analiza cómo fluye el chi por un lugar.

En la casa de una cliente que tenía problemas en sus "relaciones, su profesión y con sus benefactores" había moho en los techos de estas partes correspondientes a la disposición de la bagua de su casa. Estos problemas eran causados por tubos mal colocados que inundaron el techo de su casa durante las tormentas. La solución consistió en instalar más tubos de bajada, de manera que el agua no produjera moho.

Cuando se evalúa el feng shui de una propiedad, hay que tomar en cuenta su mantenimiento y sus condiciones físicas.

RESUMEN

Uno de los remedios más sencillos y eficaces del feng shui, y probablemente el primero que hay que aplicar antes de hacer cualquier otra corrección, consiste en efectuar una limpieza a fondo, eliminar los cachivaches, darle mantenimiento a la propiedad, y quitarle el polvo. Si ésta es demasiado grande, hágase habitación por habitación, o armario por armario.

A veces los objetos que tenemos en nuestras casas representan simbólicamente barreras para el flujo de chi en nuestras vidas. En cualquier evaluación de una casa o negocio, hay que estar pendientes de este posible bloqueo al flujo de chi, junto con cualquier otra corrección de feng shui.

Ejercicio

Al ordenar su casa, empiece con la ropa. Revise un cajón o una sección de su armario. Busque una prenda de vestir que no haya usado durante el último año o que sepa que no va a usar en los siguientes 12 meses, y dónela a una obra de caridad. Al desprenderse de su ropa vieja le deja lugar a la "nueva". Es mejor desechar varias prendas, pero por alguna hay que empezar.

Conclusión

El conocimiento del feng shui tiene muchas facetas. Este libro sólo proporciona un punto de partida para que el lector explore parte de ese antiguo conocimiento de manera que pueda aplicarlo a la manera occidental de vivir.

No hay que esperar que el feng shui resuelva todos los problemas, aunque sí contiene conceptos interesantes que han ayudado a conformar y cambiar la vida de la gente durante muchos años.

Recuerde que al aplicar el feng shui debe confiar en su intuición y en su sentido común.

Ojalá que el feng shui inspire al lector a observar desde diferentes puntos de vista el ambiente que lo rodea.

Apéndice A

Conceptos relacionados con el feng shui

LA TEORÍA DE LOS CINCO ELEMENTOS

Junto con el feng shui, la teoría de los cinco elementos ayuda a explicar el desarrollo de los conceptos bidimensionales expuestos anteriormente. Esta teoría se basa en las asociaciones productiva y destructiva de los cinco elementos chinos de nuestro medio ambiente.

Los cinco elementos chinos son: fuego, tierra, metal, agua y madera (o árbol). En cambio, en la cultura occidental, los cuatro elementos procedentes de la filosofía griega, son: fuego, aire, tierra y agua. ¿Por qué en el sistema chino son cinco?

Esto puede explicarse analizando las diferencias. Los chinos tienen el metal, que simboliza las cosas que el hombre elabora en la tierra; y tienen la madera, que representa la vegetación natural que cubre la tierra, pero no tienen el aire, pues el "agua" simboliza los estados líquido, sólido y gaseoso (o sea que el vapor de agua simboliza al aire).

El sistema chino es también un sistema cíclico de crecimiento y decadencia distinto del sistema de elementos elaborado por los griegos, que es más estático. La teoría de los cinco elementos tiene dos ciclos, uno de producción y otro de destrucción o dominio.

El ciclo de producción

El diagrama muestra que la madera alimenta o produce el fuego; que el fuego produce la tierra, que la tierra produce el metal; que el metal produce agua, y que el agua produce madera.

Este ciclo es continuo y no tiene principio ni fin. La parte del ciclo aire-agua se contrae y la parte agua-fuego se expande.

Los cambios del ciclo de crecimiento representan muchos otros ciclos del mundo que nos rodea, como el ciclo día-noche o el ciclo anual de las estaciones. De manera que las cosas se vuelven más yin a medida que pasamos del verano (fuego) al invierno (agua), y más yang cuando pasamos del invierno (agua) al verano (fuego).

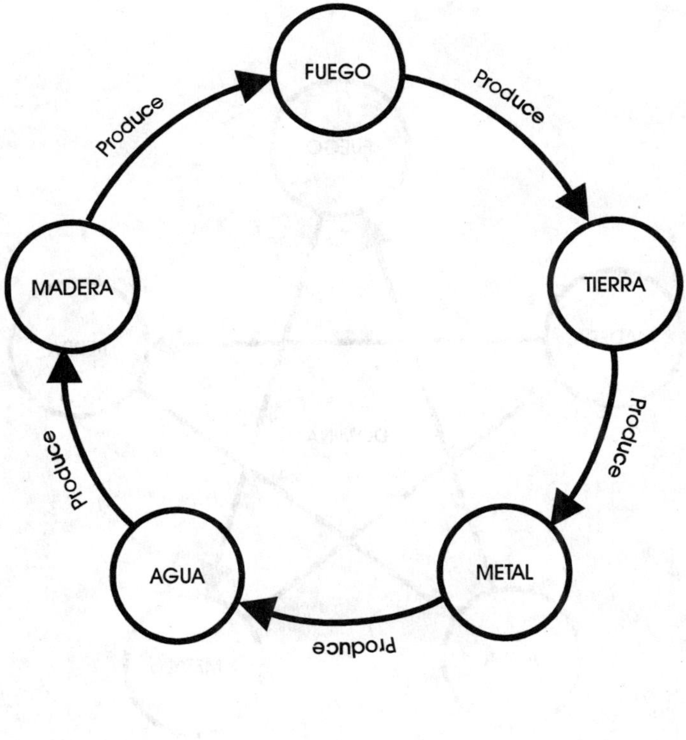

Figura A1 El ciclo de producción

El ciclo de destrucción o de dominio

El fuego domina y destruye al metal; el metal destruye a la tierra; la tierra destruye al agua, y el agua destruye al fuego.

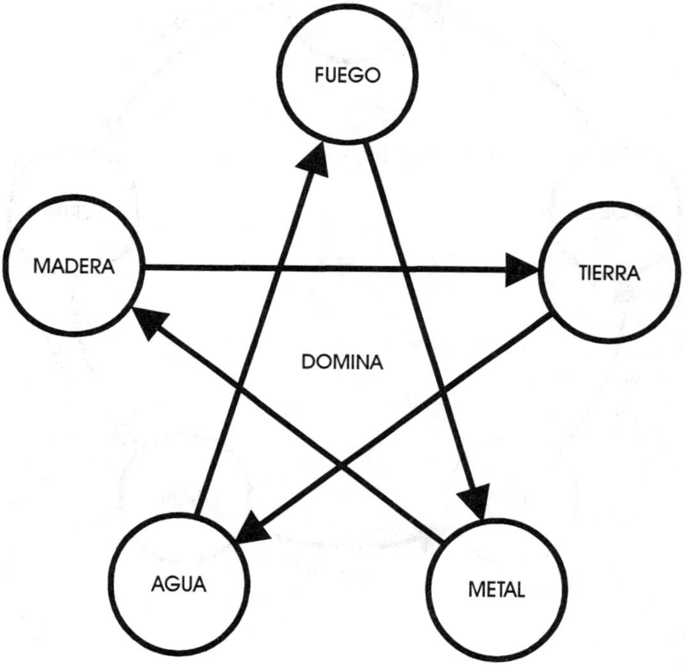

Figura A2 El ciclo de dominio

Un aspecto de la teoría de los cuatro elementos puede demostrarse relacionando las formas verticales de varios edificios y los techos. Por ejemplo, un edificio "del tipo de fuego", como puede ser una iglesia con una torre alta, domina y destruye a un edificio del tipo de metal con un techo curvo (del ciclo de decadencia) o es el complemento de un edificio de tipo tierra, de techo plano (del ciclo de producción). Pueden establecerse relaciones parecidas entre otras estructuras para formar una de las siguientes secciones de aprendizaje del feng shui.

EL I CHING

El I Ching es un sistema chino de adivinación o asesoría parecido a las cartas del tarot, las runas, las cartas de los indios norteamericanos y muchos otros sistemas que tratan de orientar a quienes no saben bien qué decisión tomar, o qué puede depararles el futuro.

El I Ching se basa en los ocho trigramas del Primer Mapa de Lo elaborado por Fu Hsi. Estos ocho trigramas (compuestos por tres líneas yin o yang) constituyen 64 hexagramas (combinaciones de seis líneas yin o yang). El hexagrama del caso se elige arrojando tres monedas; el hexagrama resultante tiene un número (1-64), un nombre, y diferentes interpretaciones, según el libro que uno esté leyendo.

La combinación de dos trigramas para formar el hexagrama permite una mejor interpretación. Por ejemplo, el trigrama "tierra" ☷ sobre el trigrama "cielo" ☰ da el hexagrama número 11 o "paz y tranquilidad". En su libro *The*

Taoist I Ching, Thomas Cleary define sencillamente la tranquilidad como "El más pequeño va, el mayor viene. Esto es de buen agüero e indica desarrollo."

El conocimiento del I Ching ayuda a comprender mejor la aplicación de la bagua y del feng shui. Como en el caso de cualquier otro sistema, su interpretación depende de la habilidad de quien hace la pregunta y de cómo se recibe el consejo. Muchos mensajes del I Ching pueden ser muy confusos para los neófitos, pero tras algunos años de práctica, se puede adquirir una gran habilidad para interpretar la sabiduría de este antiguo libro.

LOS PUNTOS CARDINALES: Norte, Sur, Este y Oeste

Una de las herramientas de los geománticos chinos de la escuela clásica del feng shui que utilizan el lupan, es la dirección de la brújula. Con los métodos de que se habla en este libro, la dirección de la brújula tiene menos impacto en general; más bien hacen hincapié en la intuición y en el empleo de las técnicas de detección con vara o péndulo.

Muchas de las ideas de la orientación se refieren a determinadas provincias chinas y se interpretan según las características topográficas de la región para la que se establecieron. Las direcciones de la brújula del feng shui se pueden interpretar incorrectamente al aplicarse a otras partes del mundo, ya que la topografía, la latitud y la longitud pueden ser diferentes de la región de China para la cual se elaboraron las reglas del feng shui clásico.

El primer dilema importante surge con un examen del hemisferio norte y el hemisferio sur sobre la orientación de la bagua, ya que probablemente el elemento fuego (o fama) deben apuntar hacia el ecuador. Esto estaría bien, salvo que en los dos hemisferios el sol sale por el este, y esto se representa con el elemento Madera de la teoría de los cinco elementos, o con el trigrama "Familia/Antepasados". Si el lector dedica algo de tiempo a girar la bagua alrededor de los dos hemisferios, verá que muchas interpretaciones de la bagua del hemisferio sur sólo producen confusión.

Además, no todos los libros sobre feng shui que están en inglés coinciden sobre la orientación más propicia para colocar las diferentes habitaciones de una casa. Un libro indica claramente que la cocina debe estar en la esquina sudeste de la casa, mientras que otro indica que debe estar en la esquina noroeste. Lo que sucede es que quienes escribieron estos libros tuvieron maestros de distintas provincias chinas. El que sugiere la esquina sudeste para la cocina tuvo un maestro de un lugar donde había un desierto al noroeste de la casa y, como el viento soplaba del desierto, llevaba la arena a la casa. Ahí lo mejor era colocar la cocina en el lado protegido de la casa, lejos del desierto. Por lo contrario, quien aconseja colocar la cocina en el lado noroeste de la casa, tenía el desierto en el lado sudeste de la casa. Todo lo que respecta a los puntos cardinales y al lugar más propicio para las diferentes habitaciones es un verdadero embrollo para quienes aplican estos conocimientos en las culturas occidentales, muy lejos de donde se originó el feng shui.

En lugar de esperar que un libro nos dé todas las respuestas sobre la orientación más benéfica, hay que aprovechar la intuición para aplicar los conocimientos del feng shui en cualquier situación, sin enfrascarse en lo que sucedió en la antigua China.

Un elemento que puede ser muy importante en determinada localidad es la orientación de un edificio y su relación con las estructuras circundantes, tomando en cuenta la dirección por donde sale y se mete el sol a lo largo de las estaciones. Cualquier elemento que domine al edificio, y el que la puerta principal dé al Este o al Oeste, puede influir en las correcciones que uno efectúe. El punto por el cual sale el sol respecto de la puerta del frente o boca del chi influye en el equilibrio del feng shui de un lugar y en nuestro chi. En general, es mejor que la puerta de la casa dé al Este, si uno desea aumentar el chi yang del lugar, pero no si el lugar ya está sobrecargado de chi. Todo lo referente a la orientación no puede más que confundir a alguien que apenas empieza a descubrir el mundo del feng shui, de manera que al principio no se debe tomar en consideración para decidir cómo equilibrar la energía de un lugar.

LA ASTROLOGÍA DEL KI DE LAS NUEVE ESTRELLAS

El sistema astrológico del ki de las nueve estrellas puede ser un útil auxiliar para las decisiones de feng shui una vez que los conceptos de este libro se han estudiado, comprendido y aplicado. Quien más lo utiliza es el geomántico clásico, y a veces el geomántico intuitivo.

Este sistema astrológico forma otra parte de la filosofía china, ya que refleja la relación entre el cielo y la tierra. El ki de las nueve estrellas o astrología china tiene un papel importante en la adivinación china, y su teoría es que la energía de los "cielos" nos afecta.

Los maestros de feng shui utilizan el ki de las nueve estrellas para determinar los momentos y las fechas más propicias para algunas ceremonias, como por ejemplo cuándo abrir el terreno para un edificio nuevo o cuándo viajar en determinada dirección.

Apéndice B

Las energías electromagnéticas

LA HISTORIA HASTA EL PRESENTE

A veces es fácil olvidar que la electricidad y los aparatos eléctricos son comunes desde hace poco. Hoy damos por sentados los maravillosos beneficios que la electricidad proporciona a la vida moderna. Nuestras casas y nuestras oficinas están llenas de aparatos que funcionan con electricidad y que generan campos electromagnéticos. Muchas veces tenemos equipo eléctrico donde pasamos mucho tiempo, como las camas y los escritorios. Lo que es menos conocido y de lo que no se habla tanto es de los riesgos para la salud que supuestamente puede crear el campo electromagnético invisible (CEI).

Uno de los primeros documentos de investigación sobre el impacto de los campos electromagnéticos en la salud humana lo publicó en 1979 Nancy Wertheimer, egresada de Harvard, que además es epidemióloga en la Universidad de Colorado. Cuando Nancy buscaba la relación entre el ambiente y la leucemia infantil, observó unos transformadores eléctricos que estaban en unos postes fuera de muchas de las casas que visitaba; halló pruebas de 344 casos de niños que padecían cáncer o leucemia y descubrió que una proporción notablemente alta de ellos vivía cerca de estos transformadores, lo que indicaba un vínculo entre la leucemia y la cercanía de los transformadores.

Al mismo tiempo, el doctor Robert Becker estableció un vínculo entre el aumento de los índices de mortalidad infantil por la exposición a campos eléctricos de 60 hertz (la electricidad normal en las casas), y el doctor F. Stephen Perry, que trabaja en la Inglaterra rural, observó una incidencia más alta de problemas mentales y suicidios entre quienes vivían cerca de los cables de alta tensión.

El doctor Becker también trabajó en un comité de expertos independientes que estudiaban un proyecto de la Marina de Estados Unidos cuyo nombre en código era "Sanguine". Uno de los muchos resultados que encontraron fue que "la exposición de un día al campo magnético eléctrico aumentó notablemente los niveles de triglicéridos en el plasma (tp) en nueve de cada diez sujetos". (Los niveles de tp aumentan como reacción ante la tensión y tienen que ver con el metabolismo de la grasa y el colesterol.)

En su informe final, el Comité hizo la siguiente declaración:

El Comité recomienda que el Consejo Asesor sobre la Administración de la Radiación Electromagnética (dependiente de la Casa Blanca) informe sobre los descubrimientos positivos evaluados por este comité y su posible importancia (si son ratificados por futuros estudios) respecto a la población general de Estados Unidos que corre riesgo y está expuesta a los campos de 60 hz de cables eléctricos y a otras fuentes de 60 hz.

(En Australia, la corriente eléctrica de 240 voltios funciona con una frecuencia de 50 hz, que es muy parecida.)

El Proyecto de Líneas Eléctricas y Salud de Nueva York prosiguió este estudio con otro de cinco años cuyo supuesto objeto (con base en información previa) era refutar los descubrimientos mencionados. A la larga se encontró que el 20 por ciento de los cánceres infantiles eran producidos por la exposición a un campo magnético de 3 miligauss (mg).

En muchos otros estudios de los últimos años se ha comprobado también que la exposición repetida a campos electromagnéticos tiene efecto biológico en las personas. En 1991, una encuesta encontró que desde 1979 se habían publicado 10,000 documentos de las investigaciones sobre este asunto, y los crecientes testimonios indican que el campo electromagnético sí afecta nuestra salud. Los expertos del mundo científico siguen criticándose mutuamente sus respectivos métodos de experimentación y de muestreo, pero la tendencia general reconoce que sí hay alguna conexión entre el campo electromagnético y la salud.

El 5 de mayo de 1994, el parlamento europeo aprobó una solicitud para un acuerdo que indicara a los Estados miembros "pensar en la posibilidad de una investigación interdisciplinaria conjunta y en un programa de normas para combatir los efectos nocivos de la radiación electromagnética no yodada".

Los crecientes testimonios sugieren que la exposición frecuente a campos electromagnéticos puede causar algunos padecimientos menores, como insomnio, alteraciones del sueño, despertar cansado después de dormir mucho, o sencillamente sentirse mal en general. Parte de la investigación indica que la exposición también puede desencadenar problemas más serios, como cáncer, aborto, depresión y suicidio. Es importante destacar que el campo electromagnético no necesariamente causa enfermedades o padecimientos, pero sí puede afectar la capacidad del sistema inmunológico para combatir la enfermedad.

En su libro *Cross Currents* (p. 204), el doctor Robert Becker declara:

Todos los campos electromagnéticos anormales, de factura humana, independientemente de su frecuencia, producen los mismos efectos biológicos. Estos efectos, que alteran las funciones normales y son o pueden ser dañinos, son los siguientes:

–Efectos en el crecimiento de las células, por ejemplo, aumento en el índice de división de las células cancerosas.

–Aumento en la incidencia de algunos cánceres.

–Aparición de anormalidades en los embriones.

También señala las alteraciones en los neuroquímicos, cuyo resultado son diversas anormalidades del comportamiento, alteraciones de los ciclos biológicos, y alteraciones del aprendizaje.

Para poner esto en una perspectiva científica mensurable, los estudios suecos indicaban hasta 1991 que el límite seguro para la exposición de los seres humanos a un campo electromagnético era de 3 mg. Hace poco lo redujeron a 1 mg. Estos campos pueden medirse fácilmente con los calibradores electromagnéticos que pueden comprarse en las tiendas electrónicas.

Estos estándares se fijan para la mayoría de la población, aunque cabe notar que tenemos diferentes reacciones a los campos electromagnéticos, ya que nuestra electrosensibilidad varía. Para algunas personas 1 mg es demasiado, en tanto que otras pueden estar en campos de 10 mg o más sin resultar afectadas. Otro factor del que hay que estar pendientes es que la intensidad del campo puede variar con el tiempo en diferentes ubicaciones. Esto es especialmente evidente a distintas horas del día y del año, según la demanda eléctrica del área.

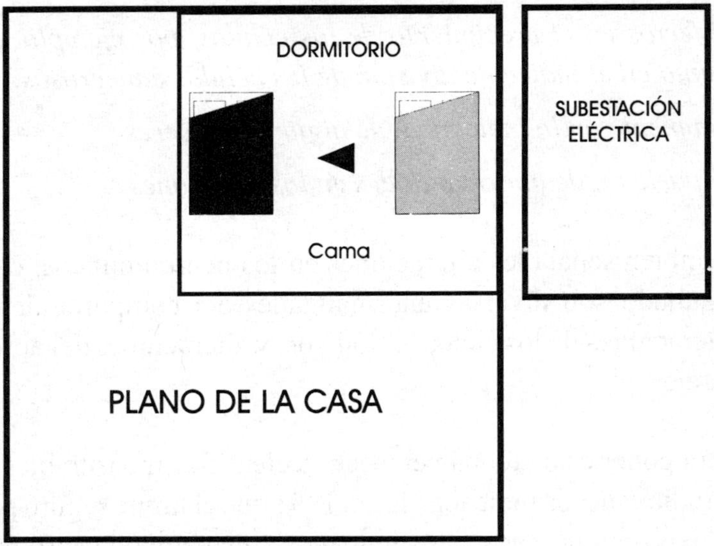

Figura B1 Subestación junto a la casa

¿QUÉ SE PUEDE HACER?

La recomendación en cualquier caso es la de no exponerse de manera imprudente. Hay que alejarse de los campos electromagnéticos de los lugares en los que pasamos largos periodos, como la cama y el escritorio.

Para evaluar nuestra exposición normal, debemos analizar el medio ambiente general en que vivimos. Según algunos estudios, no es aconsejable vivir cerca de las subestaciones o líneas de algo voltaje.

Un cliente que me consultó hace poco tenía serios problemas de sueño y personalidad. Sólo dormía entre dos y tres horas por noche y siempre estaba hiperactivo. Al analizar el campo electromagnético de su dormitorio descubrí que dormía en un campo de 25 mg aproximadamente, causado por una subestación eléctrica importante, ubicada en la puerta vecina de la casa que alquilaba.

Cuando colocó su cama en el otro lado de la habitación, donde el campo bajaba a 5 mg, de inmediato empezó a dormir entre ocho y diez horas diarias, y sus ánimos se tranquilizaron considerablemente. Fue como si el campo electromagnético lo hubiera mantenido "conectado" y su cuerpo no hubiera podido descansar como lo necesitaba cuando se iba a la cama. Después de experimentar este cambio, se mudó a otra casa (lejos de cualquier subestación) y poco a poco su vida recuperó el orden. Este caso refleja las experiencias habidas en otros países en cuanto al efecto que las grandes subestaciones pueden tener en la gente, sobre todo si se encuentran cerca de edificios residenciales.

LOS TABLEROS ELÉCTRICOS

Por desgracia el asunto no se limita a mantenerse lejos de las subestaciones y los cables eléctricos de alto voltaje. No es conveniente que el tablero principal esté en nuestras casas, cerca del dormitorio. Los tabiques, la madera, el concreto y la tabla roca de los muros no constituyen una barrera para el campo electromagnético de los tableros eléctricos centrales. Es frecuente encontrar niveles de campo electromagnético de

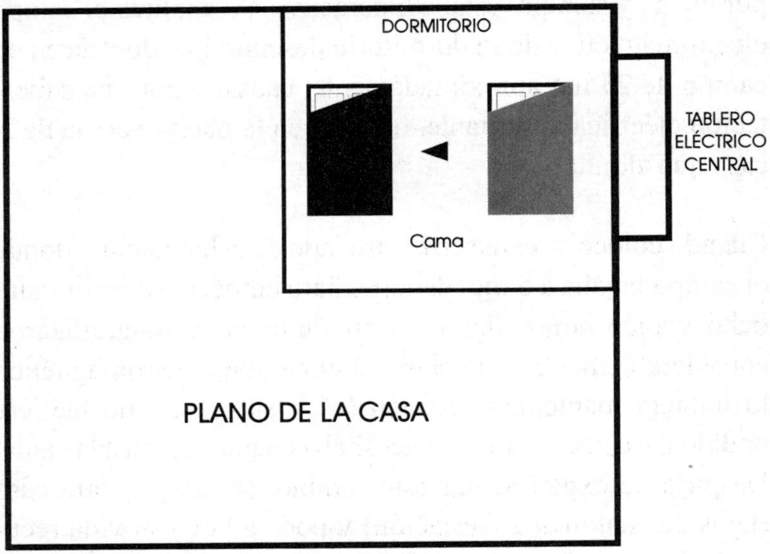

Figura B2 Tableros eléctricos centrales junto al dormitorio

entre 5 y 10 mg en los muros interiores cercanos al tablero eléctrico central. Por ejemplo, si se coloca una cama junto a esta pared, entonces, mientras la persona duerme, el campo electromagnético del tablero principal puede influir en su cuerpo, como se muestra en el siguiente diagrama.

Un caso reciente de esta situación es el de un niño de 5 años que no podía dormir en su cama. Siempre se quedaba dormido en la sala, en el regazo de su madre o de su padre, antes de que lo llevaran a su cama, que estaba junto al tablero eléctrico. Cuando pusieron la cama en el otro lado de la habitación, logró dormir mejor.

Con frecuencia no se necesita medir el campo electromagnético para saber que algo está mal. Si los niños despiertan todas las mañanas en la orilla de la cama, puede que los esté afectando un campo electromagnético. Los niños son más sensibles a los campos electromagnéticos y a otras energías, y si se observan atentamente sus reacciones en determinados sitios se puede descubrir que los afectan energías negativas. Sin embargo, los adultos también muestran diferentes síntomas cuando sus camas se encuentran en la posición mencionada. Si despiertan cansados, malhumorados, o se enferman constantemente, y están cerca de algún campo electromagnético, es conveniente que cambien sus camas de lugar y vean si aumenta su bienestar.

LOS APARATOS ELÉCTRICOS

Así como las subestaciones y los tableros eléctricos pueden afectar a la gente y a su salud, también pueden afectarnos los aparatos eléctricos que se encuentran cerca de los escritorios, las camas y las sillas donde pasamos mucho tiempo. Los siguientes ejemplos destacan algunos de los problemas que se presentan en las casas y oficinas.

El refrigerador en una cocina que está junto al dormitorio

En el siguiente diagrama, el motor del refrigerador genera un campo electromagnético. El que duerme en la cama resulta afectado por la noche, cuando el motor se enciende y apaga.

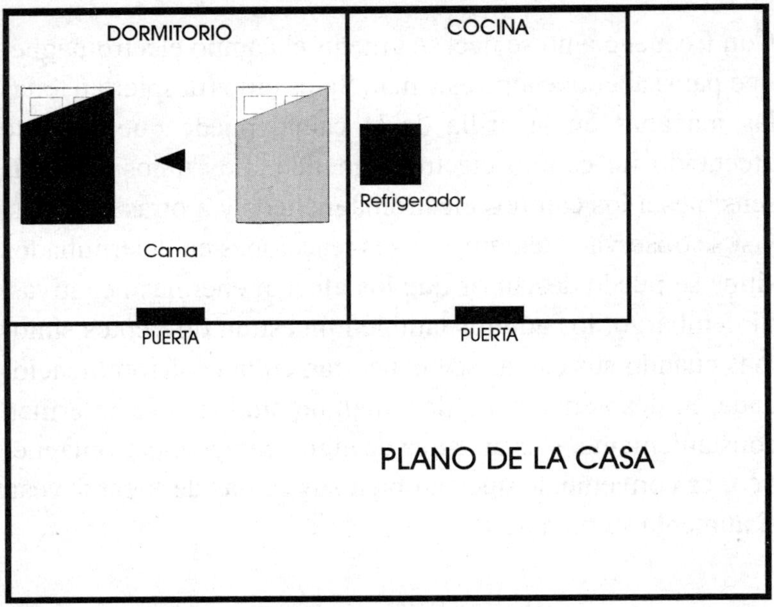

Figura B3 Refrigerador junto al dormitorio

Solución: colocar la cama en el otro extremo de la habitación.

Los televisores

Los tubos de rayos catódicos de los televisores irradian fuertes campos electromagnéticos. Normalmente la lectura electromagnética a una distancia de 30 cm es de aproximadamente 25-30 mg, y a 1.2 m suele ser de 3 mg aproximadamente. Así pues, parece que hay una razón para respetar la vieja regla de mantenerse a metro y medio de la televisión, considerando la influencia de los campos electromagnéticos.

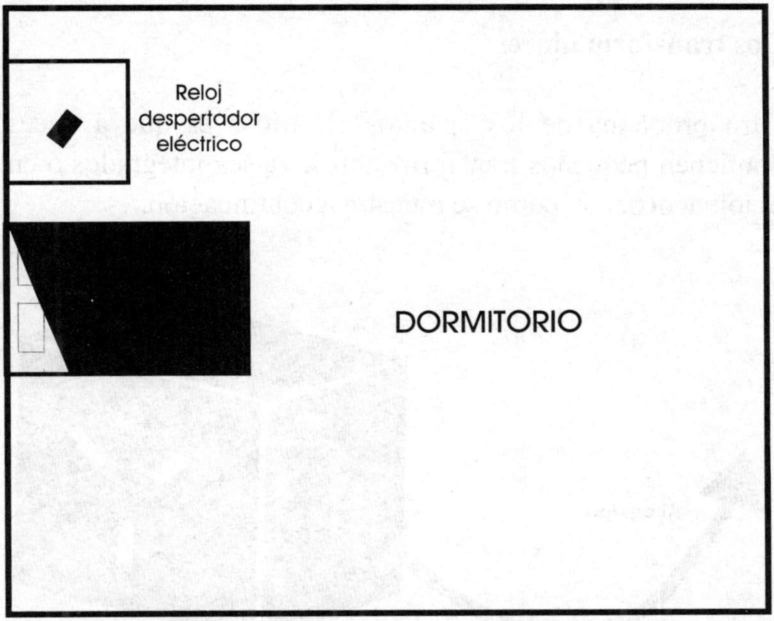

Figura B4 Despertador eléctrico cerca de la cama

Radios eléctricos, grabadoras de cassettes y despertadores de cuarzo

Normalmente estos aparatos se colocan en el dormitorio y en los burós. Lo que no se toma en cuenta es que el campo electromagnético "invisible" de estos aparatos es una causa común de que la gente no duerma bien, se despierte cansada y malhumorada, y que en general no pueda despertar de inmediato y hacer lo que tiene que hacer. Estos aparatos han afectado a muchos clientes de alguna manera, y cuando el despertador o la cassettera se alejan cuando menos 1.2 metros, informan que duermen mucho mejor.

Los transformadores

Otro problema de los aparatos eléctricos es que a veces contienen pequeños transformadores, ya sea integrados o en el tomacorriente, como se muestra a continuación.

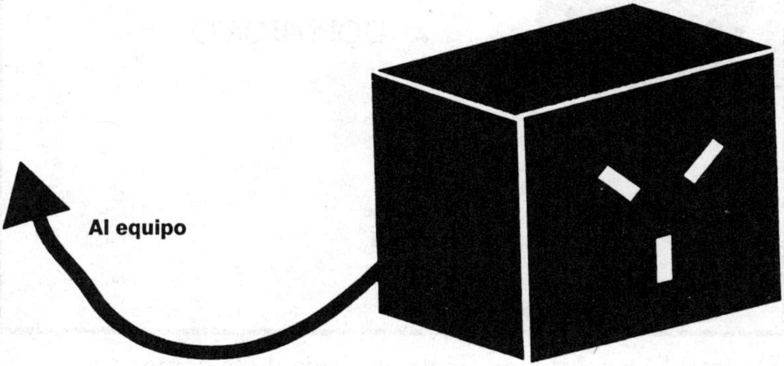

Figura B5 Transformador eléctrico negro

Estos aparatos transforman la corriente principal de la casa, de 240 voltios (en Australia), en una corriente de 12 v o 6 v, para que también puedan funcionar con baterías. En el punto donde se ubica el transformador, ya sea en el lugar de la corriente o en el aparato, el campo electromagnético puede ser hasta de 100 mg cuando funciona con electricidad (no cuando funciona con baterías).

Muchos padres ponen pequeñas grabadoras de cassettes con

estos transformadores cerca de la cabeza de sus niños, y tocan música suave para arrullarlos. Sin embargo, a veces los niños no pueden dormir cuando la grabadora está demasiado cerca de sus cabecitas, debido a la influencia del campo electromagnético.

Este concepto puede aplicarse a otros aparatos eléctricos diseñados de la misma manera. Más todavía: aunque un aparato esté conectado al tomacorrientes, y no al transformador integrado, el transformador sigue generando un campo electromagnético.

Los cargadores de baterías

Con el invento de los teléfonos portátiles y la necesidad de mantener cargadas las baterías, hemos adquirido la costumbre de colocar el cargador de baterías cerca de la cama o del escritorio. Los cargadores de baterías funcionan con el mismo principio de los transformadores acabados de mencionar, de manera que también deben colocarse en otro lugar de la casa o de la oficina.

Los cobertores eléctricos

Hay muy diversas opiniones respecto del efecto del campo electromagnético de los cobertores eléctricos, ya que nuestras reacciones son muy personales. Lo que generalmente se comenta es que si uno usa un cobertor eléctrico, debe analizar la reacción que le provoca el cobertor. Si después de que el lector haga todas las correcciones que se mencionan en este libro todavía tiene problemas para dormir, puede que sea el momento de que prescinda del cobertor.

. Por otra parte, si decide que necesita un cobertor eléctrico, puede dar algunos de los siguientes pasos para reducir los posibles efectos del cobertor. Antes que nada, hay que calentar la cama antes de meterse en ella, y luego desconectar el enchufe, de manera que no se filtre corriente eléctrica en los alambres del cobertor mientras duerme. Los cobertores eléctricos están contraindicados para la mayoría de las personas. Haga la prueba de utilizar en su lugar botellas de agua caliente.

Los monitores o pantallas de las computadoras

Algunos de los campos electromagnéticos que actualmente nos afectan con más frecuencia son los de las pantallas de las computadoras. El campo electromagnético de muchas de estas pantallas a 40 cm de distancia es en general de 20 a 30 mg, (siete a diez veces el límite de seguridad sueco.)

En 1991, el gobierno sueco presentó una norma denominada MPR 2, que da varias especificaciones para el funcionamiento de las pantallas de las computadoras. Una de las normas indica que "Los campos electromagnéticos de las pantallas de las computadoras no deben ser superiores a 3 mg, a una distancia de 40 mm de la pantalla." Las pantallas conformes con esta norma ahora se venden normalmente en toda Europa. Sin embargo, debido a la presión de los precios competitivos, en países como Australia la gente sigue comprando pantallas fabricadas según las normas antiguas. Lo absurdo de esta situación es que por aproximadamente de 100 a 150 dólares australianos, se puede comprar una pantalla de poca radiación conforme con el MPR 2, que, según la experiencia sueca, mejora la salud del usuario y aumenta la productividad de la computadora y el bienestar ambiental general.

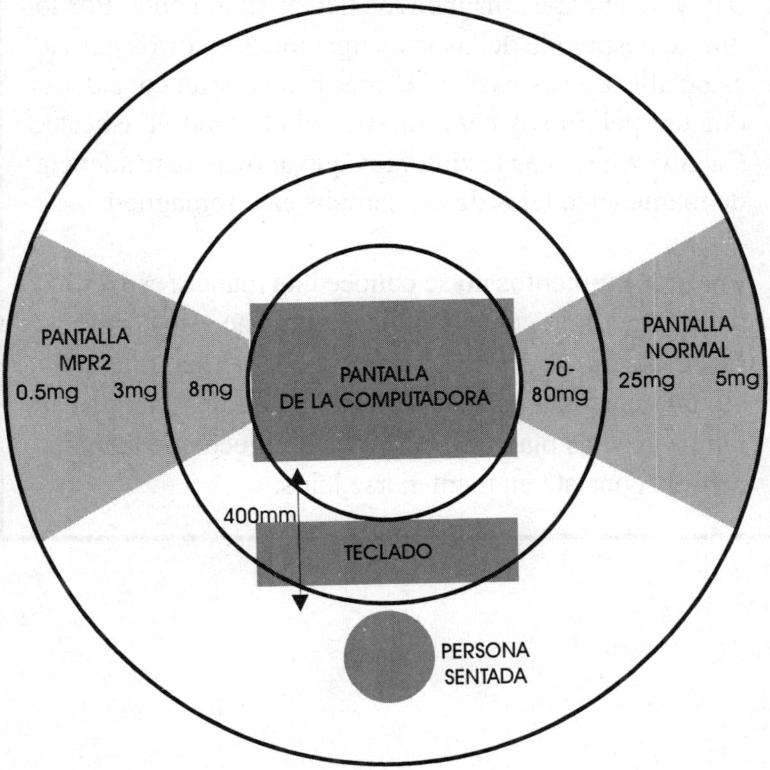

Figura B6 Plano de la pantalla de la computadora

RESUMEN

La información anterior es apenas un resumen de la creciente investigación sobre los efectos que la electricidad y los campos magnéticos tienen en la gente. Por lo que se desprende de las investigaciones en otros países, es posible que estos dos factores pronto sean considerados tan peligrosos para nuestra salud como el asbesto. Cada vez hay más testimonios que apoyan la prudencia de mantenerse lejos de los campos electromagnéticos.

En estos momentos no se conoce una manera específica de proteger a la gente de la influencia de estos campos. Entre las soluciones esotéricas que pueden ser útiles para algunas personas están los cristales naturales, las "placas púrpura" y las plantas, pero al final parece que la mejor medida consiste en mantenerse lejos.

Apéndice C

Las energías telúricas naturales

ANTECEDENTES

Kathe Bachler, maestra austríaca interesada en saber por qué algunos de sus alumnos se enfermaban más que otros, escribió *Earth Radiation, the Startling Discoveries of a Dowser,* libro que goza de mucha popularidad en Europa. Actualmente lleva 11 reimpresiones y se tradujo al inglés en 1984.

En esta obra se señalan numerosos casos de problemas de salud relacionados con las radiaciones y energías telúricas naturales. Se ha hecho un programa de televisión sobre el trabajo de esta autora, y el doctor Karl Berg, arzobispo de

Salzburgo, recomienda su libro. Muchos médicos europeos confirman los resultados de los estudios de la maestra Bachler, que con frecuencia invita zahoríes para que detecten la energía, con el fin de reducir las probabilidades de que la gente se enferme.

Kathe Bachler ha descubierto que todos los organismos vivos, desde las plantas y los animales hasta las personas, reaccionan de una u otra forma a estas energías, aunque sus reacciones difieren. También descubrió que algunos animales y plantas prosperan en el ambiente que se encuentra por encima de las "energías telúricas negativas".

La maestra Kathe informa que en el reino animal las abejas, las hormigas y las termitas construyen sus nidos encima de las energías telúricas negativas, y que los hongos y muchas plantas medicinales también crecen con más facilidad en estos lugares, en los que las abejas producen miel. En cambio, estas zonas de energía negativa son intolerables para los humanos, los perros y la mayoría de los animales domésticos, los caballos, el ganado, los cerdos y las gallinas, por lo que instintivamente las evitan y, cuando eso es imposible, se enferman.

Se llegó a estas conclusiones después de revisar 3,000 casas y departamentos de 15 países, en los que vivían 12,000 personas. Gustav Frieherr von Pohl publicó información parecida en la década de 1930, y más recientemente Rolf Gordon, de la Sociedad Dulwich de Salud, en Inglaterra.

La lista de enfermedades que von Pohl y Gordon vinculan con las radiaciones telúricas incluye el cáncer, el sida, la artritis, el reumatismo, el asma, la migraña, el insomnio y muchas afecciones del estómago, del riñón, la vejiga, el hígado y la vesícula, orinarse en la cama, así como enfermedades nerviosas y mentales. No es que la energía negativa telúrica provoque las enfermedades, sino que deteriora nuestro sistema de defensas y así las desencadena.

En Alemania, algunos médicos muy respetados han observado resultados parecidos en sus estudios. En *Are you sleeping in a safe place?*, del inglés Rolf Gordon, hay un resumen de comentarios de varios médicos alemanes.

El doctor Ernst Hartman dice que en 30 años de práctica no ha encontrado un paciente de cáncer o de cualquier otra enfermedad seria, con excepción de las enfermedades causadas por bacterias o de las infecciones virales, que no haya dormido durante largos periodos donde hay radiaciones telúricas peligrosas.

El doctor Arnold Mannlicher cree que el cáncer es una enfermedad relacionada con el lugar. En una revista médica suiza escribió que en 30 años de práctica todavía no encontraba un caso de cáncer donde no hubiera influencias telúricas.

El doctor Hans Neiper, en su libro Revolution in Technology, Medicine and Society, *declara: "Según los estudios que he comenzado, por lo menos el 92% de los pacientes de cáncer que he examinado han permanecido en zonas geopáticas tensoras durante largos periodos, sobre todo en el lugar que duermen. Esto no quiere decir que la zona geopática produzca cáncer, sino más bien que es la gota de agua que rebosa el vaso".*

El doctor Hager, presidente de la Asociación Científica de Médicos, con ayuda del zahorí profesional y asesor particular C. Williams, revisó en el poblado de Stettin las casas de 5,348 personas que habían muerto de cáncer, y en todos los casos encontró que fuertes rayos terrestres atravesaban estas casas.

De especial interés fue el estudio, que duró cinco años, de tres asilos para ancianos (aldeas de retiro) en ese mismo poblado. En un asilo en el cual se encontraron fuertes rayos, 38 personas habían muerto de cáncer. En el segundo asilo, que recibía rayos débiles, dos personas habían muerto de cáncer. En el asilo en el que no había rayos dañinos, nadie había muerto de cáncer. En cinco casas construidas sobre rayos especialmente fuertes, encontró 38 casos a lo largo de 21 años.

En esencia, lo que descubrieron es que las personas que pasan mucho tiempo en lugares ubicados sobre estas líneas de energía suelen tener problemas de salud. Parece que los sistemas inmunológicos de las personas se debilitan cuando pasan tiempo sobre estas energías, y entonces son más propensas a padecer problemas de salud. Los primeros síntomas pueden limitarse al insomnio; sin embargo, pueden surgir otros síntomas, dependiendo del tiempo de exposición, de la intensidad de la energía y de la reacción personal.

CÓMO CORREGIR LAS ENERGÍAS TELÚRICAS

Existen diversas teorías sobre las energías telúricas y la manera de corregirlas. La información que aquí se presenta reseña los métodos empleados para corregir estas líneas. Los principales métodos para detectar las líneas de energía son los de la rabdomancia (que utiliza una vara) y la radiestesia (que utiliza un péndulo), que se describen en el Apéndice D.

Estas líneas de energía reciben diferentes nombres, como rayos terrestres nocivos, energías telúricas, radiaciones terrestres o tensión geopática. En aras de la sencillez, emplearemos los términos energía telúrica negativa y energía telúrica positiva. Cuando una energía telúrica es nociva para la gente, es negativa.

En algunos lugares la naturaleza ya cuenta con energía telúrica positiva, por lo que no hay que corregirla. Las energías telúricas negativas de cualquier lugar deben corregirse para equilibrarlas geománticamente. Una vez que se corrigen, se transforman en energías positivas.

Las corrientes de agua subterráneas

Durante siglos se ha recurrido a los zahoríes que utilizan varas y péndulos para detectar el agua que hay bajo la superficie de la tierra, ya sea en corrientes subterráneas o en fisuras. Estos zahoríes se sirven de una vara de avellano para ubicar la corriente de agua subterránea respecto de su posición en la superficie de la tierra. También se sirven de un péndulo para conocer la profundidad del agua, su flujo, su calidad y otros aspectos importantes para saber dónde perforar para llegar al agua. Estas corrientes subterráneas se localizan debido a que generan una energía en la superficie de la tierra, la cual influye biológicamente en nosotros. La sensibilidad del zahorí ante esta energía permite que encuentre el agua.

Con todo, no sólo los zahoríes son sensibles a esta energía, sino también muchos organismos vivos, como lo descubrió antes Kathe Bachler. Si la corriente de agua subterránea produce un efecto negativo en la gente que vive por arriba de esta energía, se le llama "corriente negra" o "energía telúrica negativa". El propósito de detectar las corrientes de agua subterráneas en cualquier casa o negocio es en realidad el de detectar las energías negativas y corregirlas.

Cuando se utiliza una vara para localizar el agua de un lugar, hay que decir lo siguiente: "Por favor muéstrame todas las energías de agua subterránea que están afectando la salud de la gente aquí". Este procedimiento puede emplearse en cualquier lugar a fin de descubrir si hay energías acuáticas subterráneas que causen problemas. Hay que recordar que el propósito de estas preguntas es orientar al zahorí. Como en todo, la práctica hace al maestro, y uno va descubriendo las palabras y los métodos que más le convienen personalmente.

Un ejemplo clásico de los problemas que puede ocasionar una corriente de agua subterránea se presentó durante una consulta que tuve hace poco. La idea de que una corriente pasa por debajo de la cama es normalmente bastante mala, pero que haya tres corrientes que se crucen por debajo de la cama de una niña fue realmente impresionante, sobre todo porque tanto ella como su hermana habían estado enfermas durante años, mientras durmieron en esta habitación.

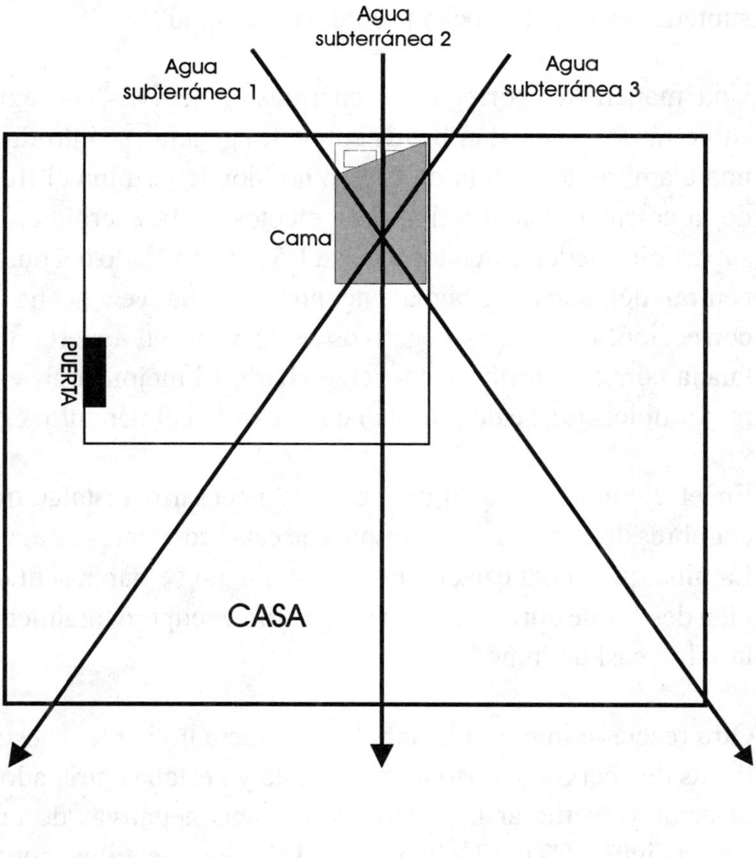

Figura C1 Ejemplo de agua subterránea

El punto de intersección crea un vórtice y amplifica las energías que, si son negativas, hacen que la gente que pasa mucho tiempo en este lugar o cerca de él, se sienta mal o cansada.

¿Qué se puede hacer cuando se encuentran corrientes de agua subterránea que provocan problemas de salud?

Una manera de corregir las energías "negativas" de agua subterránea es con alambre de cobre. En general, se introduce una alambre de 12 mm en el terreno, donde termina el flujo de la corriente hacia arriba. Los efectos de la energía en la superficie pueden extenderse hasta 1.5 m a cada lado del punto central del curso de agua encontrado. Una vez hecha la corrección, los efectos negativos se desvanecen a cierta distancia corriente arriba y corriente abajo. El mejor largo y la mejor ubicación se determinan con la vara o el péndulo.

En el ejemplo de la Figura C1 fue necesario instalar tres alambres de cobre en los extremos de estas corrientes de agua. La niña que había estado enferma y que no se había sentido bien desde que dormía en esta habitación, recuperó totalmente la salud casi de inmediato.

Otra reacción interesante ante la influencia invisible de estas líneas de energía ocurrió un día en que yo estaba entregado a detectar y rectificar las energías telúricas negativas de una casa (Figura C2). El cliente explicó que sus hijos nunca bajaban a jugar en el traspatio, donde había un gran sauce con un arenario y un área para jugar. Al buscar en el traspatio, descubrí que lo atravesaba una corriente de agua subterránea. Fue menester rectificarlo con un pequeño tramo de alambre de cobre, y al final de la consulta los niños jugaban bajo el árbol y en el arenario que anteriormente no tomaban en cuenta.

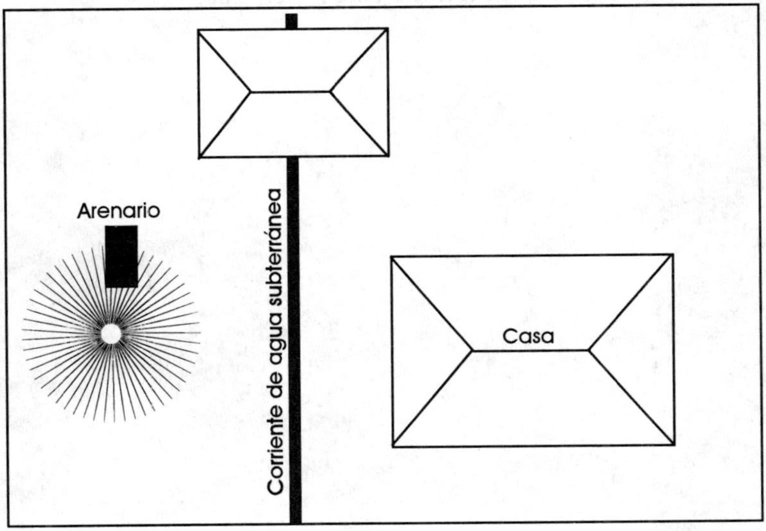

Figura C2 Agua subterránea en un traspatio

Hay que observar cuidadosamente cómo reaccionan los niños en cada lugar, pues son muy sensibles a las energías telúricas y, si no les gusta ir a algunos lugares, están asustados, como en un campo electromagnético, o si despiertan en la orilla de la cama, hay que investigar si en el lugar hay corrientes de agua negativa subterránea, o cualquier energía negativa de las que hablaremos en el resto de este Apéndice.

Pasos para detectar y corregir las energías de agua subterránea

1. Busque y encuentre la corriente de agua con una vara.

2. Use el péndulo para descubrir el largo y número de alambres necesarios para corregir la corriente negativa.

3. Use la vara para determinar la mejor ubicación de los alambres a lo largo de la línea de energía. (En general, la vara gira cuando localiza el lugar adecuado.)

4. Hunda los alambres en el terreno.

5. Vuelva a pasar la vara por la línea para ver si:

a) existe una línea negativa de agua subterránea. La vara no debe reaccionar. Si reacciona, use el péndulo para verificar si hay correcciones que hacer.

b) existe una línea positiva de agua subterránea. La vara debe reaccionar en este caso en el mismo lugar donde localizó anteriormente la línea negativa de agua subterránea. Con frecuencia, la primera vez que la gente encuentra energía telúrica siente algo extraordinario. Es muy satisfactorio cuando quienes han estado durmiendo encima de estas líneas y no se sienten bien, notan que mejoran una vez hechas las correcciones.

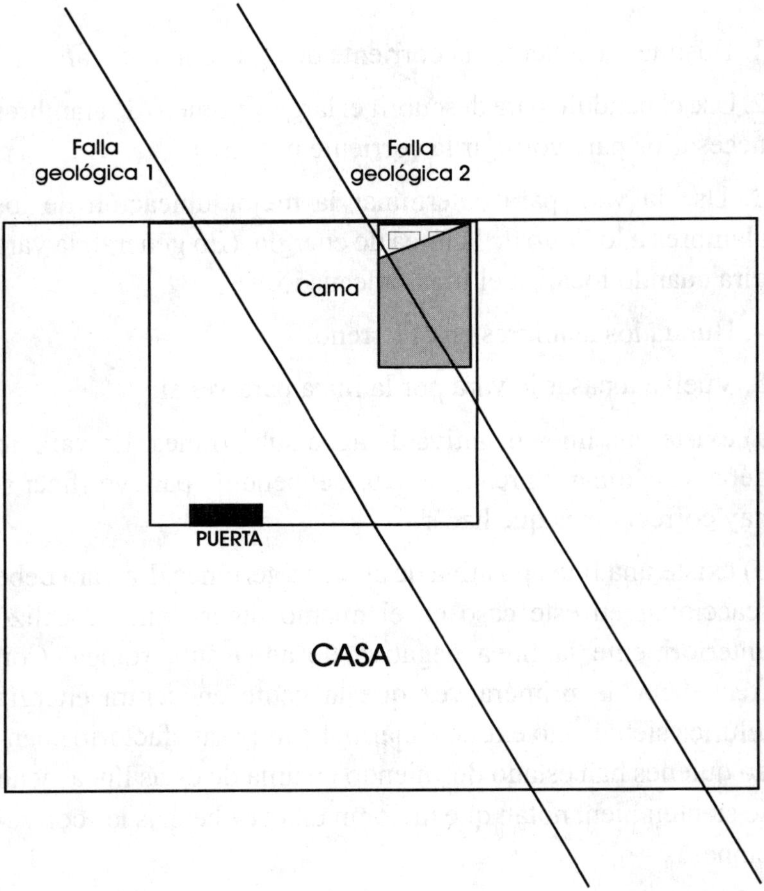

Figura C3 Fallas geológicas debajo de una cama

Las fallas geológicas

Es común encontrar fallas geológicas en la superficie de la tierra. El movimiento telúrico en estas fallas genera una tensión que puede desatar enfermedades en quienes pasan tiempo cerca de estas zonas o encima de ellas. Cuando otras energías telúricas cruzan las fallas geológicas, suelen estar alteradas de tal manera que afectan todavía más la salud de la gente. Las fallas geológicas tienen una profunda influencia en las energías telúricas circundantes, las cuales deben ser las primeras que se corrijan. Luego pueden estabilizarse las demás energías telúricas, trazarse un plano de ellas, y corregirse.

Vimos un caso del efecto que pueden tener estas líneas en una casa en la que el niño de siete años no podía dormir en su habitación (Figura C3). Se localizaron dos fallas geológicas que atravesaban su habitación, de manera que sin importar adónde se trasladara la cama, seguían afectando al niño, que terminó durmiendo en la sala, en un colchón.

Después de instalar los alambres anuladores de energía como se indica abajo, el niño pudo regresar a su habitación y su madre le compró un perro que también dormía cómodamente en ella.

Las fallas geológicas se corrigen de manera parecida a las corrientes de agua subterránea, empleando un alambre de cobre de 12 mm, al que esta vez se le tuerce un tramo de la punta determinado número de veces, ya sea en el sentido del reloj o al contrario.

Pasos para detectar y corregir las fallas geológicas

Encuentre:

1. La falla mediante la vara.
2. El largo y número de alambres, usando el péndulo.
3. Cuántas vueltas hay que darle a cada alambre, usando el péndulo.
4. Si hay que dar las vueltas a la derecha o a la izquierda, usando el péndulo.
5. La mejor ubicación para enterrar el alambre en el terreno, mediante la vara.
6. Si la energía negativa de la falla geológica se ha vuelto positiva, mediante la vara.

Es interesante observar que muchas de las fallas geológicas y de las corrientes subterráneas se encuentran cerca de la mayoría de los círculos de piedras en Inglaterra. La gente solía pasar algún tiempo en estos lugares, pero nunca vivía cerca.

Las líneas geomagnéticas

El campo geomagnético crea una energía sutil que puede tener un efecto biológico en la gente y en la fertilidad del suelo. Los científicos miden el campo geomagnético empleando instrumentos que indican un campo magnético bastante parejo.

Por desgracia, nuestros cuerpos son más sensibles que cualquier instrumento científico conocido y a veces detectan las variaciones de geomagnetismo de determinado lugar. Esta variación puede influir negativamente en nuestro cuerpo, provocando una serie de síntomas.

La energía telúrica viaja en espiral en el sentido del reloj o en el sentido contrario, y llega a abarcar 2 m de ancho. También puede viajar cíclicamente hacia arriba y hacia abajo. La intensidad y frecuencia de la energía puede descubrirse como se indica en la siguiente tabla (Figura C4) elaborada por el zahorí australiano Jurgen Schmidt (y publicada en SA Dowser Assoc. Newsletter, 1988).

Cuando una línea está en armonía, en la carta se muestra como intensidad positiva. Cuando no está en armonía, se muestra como intensidad negativa. La parte del cuerpo que resulta afectada se refleja en la carta de frecuencia.

El impacto tiene relación con el tiempo, de manera que para resultar afectado hay que pasar gran parte del día en un campo de energía geomagnética, por ejemplo en un escritorio o en una cama.

EFECTOS DE LA FRECUENCIA DEL CAMPO

	FRECUENCIA (Ciclos por seg.)	SENSIBILIDAD DEL TEJIDO
1	96-320 hz	Hueso
2	321-1200 hz	Cartílago, senos, ligamentos, tendones
3	1201-2910 hz	Intestinos, hígado, riñones, órganos
4	2911-4880 hz	Sistema nervioso, cerebro
5	4881-11600 hz	Sistemas linfático y circulatorio
6	11601-18350 hz	Sistema respiratorio, membranas mucosas
7	18351-33400 hz	Sistema meridiano

EFECTOS DE LA INTENSIDAD DEL CAMPO

	POLARIDAD E INTENSIDAD	MANIFESTACIÓN CON EL TIEMPO
-1	-1 a -125 mg	Desorganización lenta a los 15-25 años
-2	-126 a -275 mg	Desorganización moderada a los 8-14 años
-3	-276 a -675mg	Alto riesgo a los 2-7 años
-4	-676mg +	Desorganización extrema en menos de 2 años
INTENSIDAD "NEGATIVA" DE LAS LÍNEAS GEOMAGNÉTICAS		
+1	1 a 125 mg	Campo de tierra neutro
+2	126 a 275 mg	Campo energetizante a largo plazo (+ 1 año)
+3	276 a 675 mg	Campo regenerante (menos de 12 meses)
+4	676 a 1200 mg	Campo curativo (4 a 10 horas)
+5	1200 mg +	Curación espontánea (10 minutos)
INTENSIDAD "POSITIVA" DE LAS LÍNEAS GEOMAGNÉTICAS		

Figura C4 Intensidad y frecuencia de las líneas geomagnéticas

Para corregir un campo geomagnético negativo se emplea un serpentín de alambre. Tanto el número de vueltas, como su dirección y su ángulo de colocación, se descubren mediante la vara o el péndulo. Casi todas las líneas corren de norte a sur, pero los factores ambientales del lugar pueden cambiar la dirección.

Esta energía tiene un impacto en la gente, como se descubrió cuando se detectó una de estas líneas en el dormitorio de un adolescente que padecía constantes migrañas. La línea geomagnética tenía una intensidad de -280 mg y una frecuencia de 3,500 hz. Las migrañas desaparecieron en cuanto se instaló el serpentín de alambre.

OTROS COMENTARIOS GENERALES SOBRE LAS ENERGÍAS TELÚRICAS

Sobre los departamentos y las oficinas de muchos pisos

Es difícil aplicar algunas de estas correcciones, en particular las de alambres de cobre, en los departamentos y oficinas de muchos pisos. Pero la intuición y el sentido común siempre permiten aplicar los remedios de feng shui, que a veces modifican las energías telúricas. También en este caso hay que emplear el péndulo o la vara para verificar los resultados.

La resonancia de Schuman

La resonancia de Schuman es otro concepto de energía que puede incluirse en el estudio de la geomancia. Esta resonancia es una energía creada por la polaridad entre la tierra y la ionosfera. La polaridad está representada por una carga eléctrica de aproximadamente 300,000 voltios, y la resonancia normal en la superficie telúrica es de aproximadamente 7.8 hz. Cuando la frecuencia del campo magnético fluctúa como respuesta a los cambios de nuestro ambiente, se le llama resonancia de Schuman.

Supuestamente el concepto de resonancia de Schuman se aplicó en el programa espacial de la NASA, donde aparentemente descubrieron que los primeros astronautas que regresaron a la tierra estaban desorientados porque habían estado fuera de la influencia de lo que se llama Resonancia de Schuman. En los posteriores vuelos espaciales tripulados, los científicos generaron artificialmente la resonancia y descubrieron que los astronautas ya no padecieron la desorientación de la primera vez.

En el mundo moderno se ha informado que los edificios de concreto con trabes de concreto reforzado eliminan la resonancia de Schuman. Esta resonancia se produce mediante una variedad de protección de árboles que corrige cualquier desequilibrio de energía. A veces es útil emplear plantas de interior en los edificios, y plantas de exterior alrededor de ellos.

Las líneas del campo

¿Qué papel desempeñan las líneas del campo en la anterior información? En realidad depende de la definición. Probablemente la definición de una línea del campo es una de las más amplias y más discutidas de la geomancia.

El término genérico "campo" se refiere a la serie de líneas del paisaje que conectan lugares del mismo origen, como los lugares sagrados: iglesias, cementerios, círculos de piedras y otros. Este término es utilizado por los teóricos de los misterios telúricos que investigan la historia de estas líneas, y que se preguntan por qué lugares como Stonehenge, Avebury y el Monte St. Michel se encuentran en líneas rectas del paisaje, en lugar de estudiar las líneas de energía telúrica y su actual efecto en la gente. Hay personas que incluso se refieren a las energías telúricas como líneas de energía campestre, pero esto sólo confunde más las cosas. Es más fácil dejar las línea del campo a quienes investigan los misterios telúricos. Una de las principales líneas del campo que se encuentran en Inglaterra es la Línea de St Michel. Este es un buen punto de partida para quienes desean investigar este lado de la geomancia.

RESUMEN

Mediante la radiestesia y la rabdomancia se han detectado sobre la tierra diferentes energías que influyen en nuestra salud. Vale la pena estudiar las energías telúricas, junto con la medicina moderna y tradicional, sobre todo cuando sigue habiendo síntomas intrigantes que no desaparecen a pesar de los mejores cuidados médicos.

Al principio puede ser conveniente detectar por separado cada tipo de línea de energía. Esto deja de ser necesario una vez que se adquiere la práctica. Puede ser más conveniente detectar las energías telúricas negativas que afecten a la salud y la vida de los habitantes del lugar. De esta manera se simplifica la búsqueda, lográndose el mismo resultado: detectar las energías telúricas negativas para neutralizarlas o para transformarlas en energías positivas.

Si se corrigen las energías telúricas y al mismo tiempo se hacen los ajustes de feng shui, ambos elementos de la geomancia funcionan con más eficacia, ya que se ajusta toda la energía del lugar.

Apéndice D

La rabdomancia

HISTORIA

El arte de la rabdomancia se ha aplicado durante miles de años para localizar agua, minerales y muchas otras cosas interesantes. Aunque sus orígenes se pierden en la noche de los tiempos, los murales egipcios muestran personas que sostiene varas ahorquilladas que indican que el hombre puede haber recurrido a la rabdomancia desde tiempos remotos, aunque el empleo la vara tal vez no sea anterior a esta época, ya que el hombre no la necesitaba, pues confiaba en su intuición sobre el estado de las energías de cualquier lugar.

En 1556, G. Agrícola publicó el libro *De Re Metallica* con muchos grabados, y en particular el que aparece a continua-

Figura D1 Los primeros zahories

ción, que muestra las fases de la rabdomancia, desde el corte de la rama, hasta el momento en que la vara reacciona al detectar minerales.

A principios del siglo XVIII, la rabdomancia debe haber sido reconocida como se describe en el siguientes versos de Jonathan Swift (*Dowsing for Health*, Bailey, p. 17):

Nos cuentan una cosa rara
Acerca de una mágica vara
Que inclina su punta do adivina
Que la tierra alberga de oro una mina:
Donde no la hay, desdeñosa
Permanece impávida e irrespetuosa.

¿QUÉ ES LA ADIVINACIÓN?

Un diccionario inglés define la rabdomancia como: Arrojar agua sobre algo o extinguirlo [...] para que la vara de adivinar, o vara adivina, vea lo divino. Adivinar significa: Descubrir por medios que no son la observación, la evidencia y la inferencia; saber mediante la intuición, la magia o la inspiración (los acontecimientos futuros, las intenciones de las personas, la respuesta a un problema). La vara de adivinar se define como "una vara flexible que el zahorí sostiene en la mano para descubrir mediante agitaciones la presencia de minerales o de agua bajo la superficie de la tierra". Hay que recordar que "mancia" (en la palabra geomancia) significa adivinación.

En la página 11 de *The Dowser's Workbook,* Tom Graves define a la rabdomancia como "una manera de emplear los reflejos de nuestro cuerpo para interpretar el mundo que nos rodea; encontrar cosas; interpretar las cosas; aprender nuevas maneras de mirar y de ver".

La mayoría de la gente puede practicar la rabdomancia si tiene la actitud y la intención correctas, y si se entrena en las condiciones adecuadas. Existe la adivinación con vara y la adivinación con péndulo.

La vara debe tener forma de horquilla o de L. La vara en L más común se hace con un gancho para colgar la ropa. El largo de los lados es variable, aunque en general uno mide 200 mm y el otro 75 mm. Los que lo usan fijan su atención en la punta de la vara, que inicia la búsqueda a partir de la pregunta que se le formule.

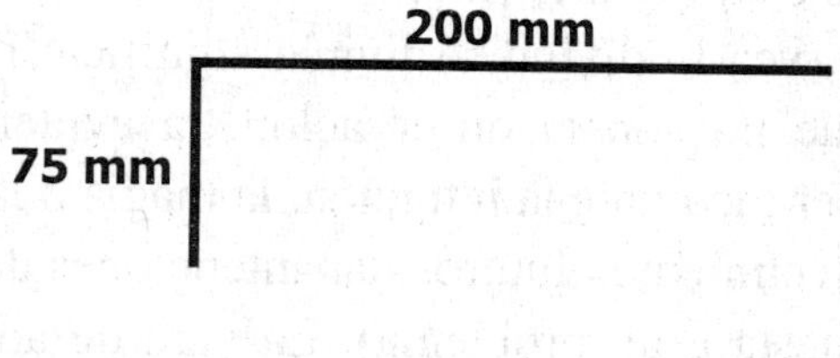

Figura D2 Vara de adivinar típica

La búsqueda con péndulo se hace sosteniendo un objeto sólido al final de un hilo o de una cuerda, luego de establecer la dirección del movimiento de las respuestas "si" o "no", haciendo preguntas para ver cuál es la respuesta.

Como con cualquier otra técnica, para el empleo de la vara se requiere dedicación y práctica. Los zahoríes emplean la capacidad de su cuerpo para sentir y reaccionar antes las energías sutiles de la tierra que los instrumentos científicos no detectan. Ningún instrumento científico puede medir por qué la gente puede intuir el peligro o las malas vibraciones; del mismo modo, la vara o el péndulo reflejan su reacción a las energías sutiles de la tierra.

EL EMPLEO DE LA VARA

Sostenga suavemente la vara en la mano. Plantee claramente su pregunta y empiece a caminar siguiendo un diseño sistemático por el lugar donde está efectuando la búsqueda.

Son particularmente importantes las palabras con las que plantee su pregunta y su intención. Analice las diferencias de las siguientes preguntas: ¿está buscando una línea de agua subterránea, el punto de donde surge o su centro?, ¿desea detectar cualquier agua subterránea que haya y que provoque problemas de salud?, ¿o busca el agua subterránea que necesita rectificación geomántica para poder armonizar el lugar en el que usted se encuentra, para el mayor bien de todos los

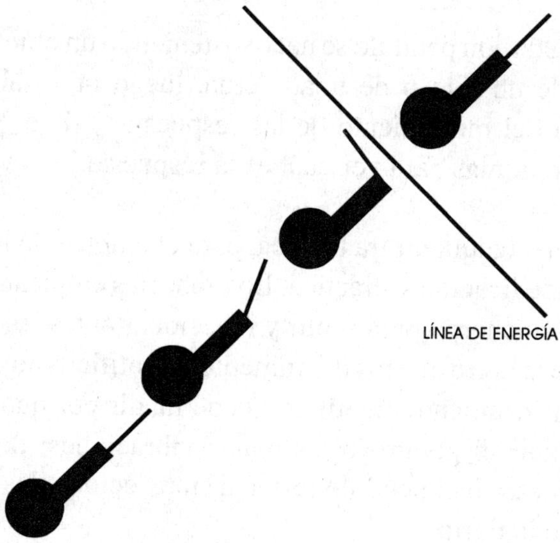

Figura D3 Diagrama del movimiento de la vara en una línea de energía de la tierra

implicados? Según el lugar, la vara tiene una respuesta especial para cada una de estas preguntas.

Cuando empiece a practicar con la vara, verifique sus respuestas con algo que le dé una respuesta que ya conozca. Una prueba sencilla consiste en caminar a lo largo de una manguera del jardín que esté llena de agua. Después hay que perfeccionar esta técnica hasta verificar las líneas de energía y el feng shui, el flujo del chi, etc. Lo único que se necesita es practicar para adquirir experiencia.

Si desea aprender esta técnica y perfeccionarla, existen sociedades de zahoríes en diferentes partes del mundo, y en las librerías y bibliotecas hay libros que pueden servirle.

LA RADIESTESIA

La búsqueda con un péndulo sirve para obtener las respuestas "sí" o "no" a diferentes preguntas de geomancia: por ejemplo, cuando se desea saber cuántas líneas de agua subterránea hay que corregir para armonizar geománticamente un lugar, cuál es la puerta principal para aplicar la bagua desde ella, qué corrección de feng shui necesita determinado espacio negativo, o cualquier otra de las numerosas preguntas cuya respuesta necesite.

Cuando se empieza a utilizar el péndulo es conveniente practicar con preguntas sencillas cuya respuesta se sepa. Por ejemplo ¿es de día o de noche? ¿está oscuro o hay luz? Cuanto más practica uno, más seguridad y técnica adquiere, de manera que puede practicar con la vara para usarla en el feng shui o para saber la respuesta de otras preguntas.

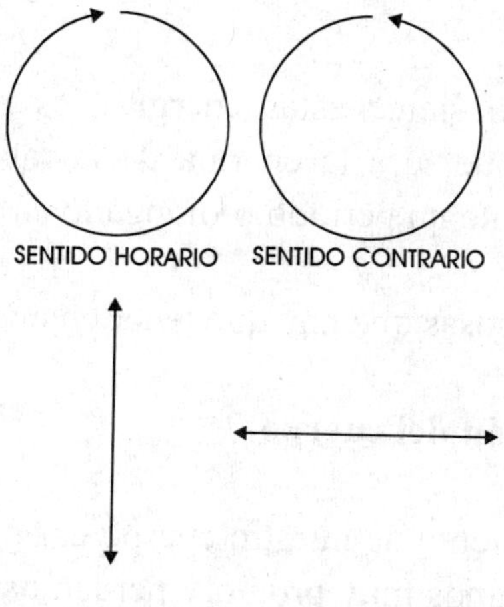

Figura D4 Respuestas que puede dar el péndulo

También es útil investigar un día cuál es su reacción positiva ("sí") y cual es su reacción negativa ("no") con el péndulo, según se indica en la Figura D4. El péndulo puede dar estas respuestas girando en el sentido de las manecillas del reloj o en sentido contrario; u oscilando longitudinalmente de derecha a izquierda, de izquierda a derecha, o bien transversalmente.

Los péndulos contestan preguntas para las cuales se han inventado diagramas de todo tipo. La vara y el péndulo también sirven para aplicar el feng shui: se les puede preguntar, por ejemplo, qué correcciones se necesitan y cuál es la puerta del frente de determinado lugar, o bien pueden servir para trazar el chi de un área.

SUGERENCIAS PARA EL EMPLEO DE LA VARA

Como el cuerpo siente estas energías, es necesario tener cuidado al exponerse a la energía de la rabdomancia y la radiestesia durante un periodo prolongado en cierta medida.

Algunas de las cosas que hay que tener en cuenta son:

1. La hidratación del cuerpo

Casi el 60 por ciento de nuestro cuerpo es agua. Si se deshidrata, nos cansamos muy pronto y perdemos concentración, lo que va en detrimento de los resultados. Hay que beber mucha agua o una mezcla de agua con jugo de manzana. Este jugo permite que el agua pase al torrente sanguíneo e hidrate el cuerpo más deprisa y con más eficacia.

2. Equilibrio kinesiológico

El cuerpo humano cuenta con varios meridianos de energía. Si se desequilibran, hay que volver a equilibrar el organismo para asegurar que la energía fluya alrededor de los meridianos.

Estas son algunas de las técnicas de la kinesiología:

a) frote los puntos K27

b) active el meridiano central

c) active el meridiano gobernante

d) frótese suavemente las cejas

e) arrástrese en zig zag

Para quienes no conocen estos términos, hay asociaciones nacionales y locales de salud, y practicantes locales, que enseñan los principios básicos de la kinesiología en cursos los fines de semana. Es maravilloso aprender esta técnica y aplicarla a la vida diaria. Para quienes no la conocen es útil la esencia floral llamada Crowea, producida por Australian Bush Flower Essences, que también equilibra los meridianos del cuerpo de algunas personas.

3. Concentración

Para que la búsqueda tenga éxito, es decisivo tener claro el propósito con el que se efectúa. Hay que encontrarse en una situación en la que no haya distracciones.

4. Relajamiento

Cuando se practica con la vara o con el péndulo es importante estar tranquilo. Si uno tiene los músculos relajados, la vara y el péndulo reaccionan con más seguridad.

5.Confíe en su primera reacción

Hay que confiar en uno mismo sin dudar de los resultados que obtiene, ya que cuanto más trata uno de conseguir determinada respuesta, más confuso se pone. Si se empieza a adquirir la técnica poco a poco, con preguntas y respuestas que se puedan confirmar, luego, cuando se busquen respuestas que no se conocen, se puede confiar en los resultados sin tener que comprobar una y otra vez las respuestas.

6. Plantee claramente su pregunta

Elija con cuidado las palabras para expresar específicamente su pregunta. Hay una gran diferencia entre hacer una pregunta para encontrar una línea de energía y hacer una pregunta para detectar una energía telúrica negativa que afecte la salud de las personas y que deba rectificarse para el bien general de quienes se encuentran en ese lugar.

7. Practique

Como con la mayoría de las técnicas que aprendemos, la práctica es fundamental. Busque con el péndulo y la vara las respuestas cotidianas sobre las vitaminas que necesita y los alimentos que no tolera. Después le será más fácil hacer las preguntas de feng shui y geomancia cuya respuesta no conozca.

RESUMEN

La rabdomancia y la radiestesia son técnicas que puede aprender la mayoría de la gente y constituyen una buena manera de empezar a desarrollar la intuición y a tomar decisiones de feng shui y de geomancia. Pero no hay que esperar que el péndulo conteste todas las preguntas de nuestra vida, porque, por desgracia, nuestro ego, a veces, nos ofusca cuando planteamos las preguntas y cuando recibimos la respuesta del péndulo. Resulta más seguro y útil como algo auxiliar en nuestra vida si aprendemos la técnica poco a poco a lo largo de años de práctica y observación. Hay que recordar que las palabras con las que se expresa la pregunta probablemente son el factor más importante.